안성훈 글
대학에서 기계공학과 문예창작을 공부했고, 어린이책에 글을 쓰고 있습니다.
어린 시절에 로봇과 함께 살아가는 멋진 미래 세상을 상상하곤 했어요.
『거꾸로 세계』로 웅진주니어문학상 장편부문 대상과 소년한국일보 좋은 어린이책
대상을 받았습니다. 쓰고 그린 책으로 '헝클이와 블록월드' 시리즈가 있고, 쓴 책으로
『윤이상의 몽당연필』, 『신호등을 작동시키는 내 맘대로 코딩』 등이 있습니다.

문보경 그림
책, 광고, 칼럼, 팬시 등 다양한 매체에 그림을 그리는 일러스트레이터입니다.
어린이들에게 꿈을 주는 유쾌하고 즐거운 그림을 오래도록 그리고 싶어 합니다.
그린 책으로 『나는 할머니 대장』, 『친할머니 외할머니』, 『시리아의 눈물』,
『친구야, 고백할 게 있어!』, '아인슈타인 과학 동화' 시리즈 등이 있습니다.

우리 집에
미래 로봇이
왔다!

호기심 톡 스토리과학은 생활 속 가까이에 있는 과학을 흥미진진한 이야기에 담아 보여 줍니다.
이 시리즈는 어린이들의 호기심과 상상력을 키워 주고 과학 지식을 발견하는 재미를 느끼게 해 줍니다.

호기심 톡 스토리과학 – 로봇과 인공지능

우리 집에 미래 로봇이 왔다!

1판 1쇄 찍은날 2019년 12월 20일
1판 5쇄 펴낸날 2024년 5월 20일

글쓴이 안성훈 | 그린이 문보경 | 펴낸이 정종호 | 펴낸곳 (주)청어람미디어(청어람아이)
편집 박세희 | 마케팅 강유은 | 제작·관리 정수진 | 인쇄·제본 (주)성신미디어
등록 1998년 12월 8일 제22-1469호
주소 04045 서울특별시 마포구 양화로 56(서교동, 동양한강트레벨), 1122호
전화 02-3143-4006~8 | 팩스 02-3143-4003

ⓒ 안성훈, 문보경 2020

ISBN 979-11-5871-123-8 74400
       979-11-5871-122-1 (세트)

품명: 아동도서 | 사용연령: 8세 이상 | 제조국명: 대한민국 | 제조년월: 2024년 5월 | 제조자명: 청어람미디어
주소: 04045 서울특별시 마포구 양화로 56(서교동, 동양한강트레벨), 1122호 | 전화번호: 02-3143-4006
종이에 베이거나 긁히지 않도록 조심하세요. 책 모서리가 날카로우니 던지거나 떨어뜨리지 마세요.
KC마크는 이 제품이 공통안전기준에 적합하였음을 의미합니다.

호기심톡스토리과학 **로봇과 인공지능**

우리 집에 미래 로봇이 왔다!

글 **안성훈** 그림 **문보경**

청어람아이

작가의 말

꿈꾸던 미래 세상,
인공지능 로봇과 친구가 되다!

초등학교 시절 제가 가장 좋아했던 수업은 미술 시간의 '상상화 그리기'였습니다.
그림 속 세상은 이러했어요. 사람들은 모두 비행 자동차를 타고 다니고, 배고플 때 밥 대신 알약 한 개만 먹어도 배가 부르며, 일상의 모든 일은 인공지능 로봇이 알아서 다 처리해 주었죠.
그로부터 수십 년이 지난 지금, 하늘을 나는 자동차가 나온 건 아니지만 인류의 기술은 눈부시게 발전했어요. 로봇 청소기부터 스마트폰 음성 비서와 인공지능 스피커, 자율 주행 자동차까지 놀라운 기술이 속속 우리 생활 속으로 들어오고 있답니다.

바퀴는 누가 발명했을까? 우산은 어떻게 만들어진
걸까? 같은 질문에는 답을 하기 어렵지만, 로봇과
인공지능은 누가 처음에 이런 아이디어를 떠올렸고
어떤 발전 과정을 거쳤는지 기록이 많이 남아 있어서
비교적 자세히 알 수 있답니다. 몇몇 과학자의 간단한
아이디어가 수많은 사람에게 영향을 주어 위대한
기술로 거듭나는 과정을 따라가다 보면 새로운 지식
이상의 감동을 받게 될 것입니다. 나아가 로봇과
인공지능을 연구하는 일이 결국 인간을 더 깊이
이해하는 일이라는 사실도 깨닫게 될 거예요.
부디 이 책을 읽은 여러분이 저보다 더 멋진 미래를
그릴 수 있기를 바랍니다.

안성훈

차례

프롤로그 8

1부 로봇

1장 로봇이 뭘까? 15
2장 세상을 놀라게 한 로봇들 19
- 지우의 블로그 #1 24
3장 로봇의 구조 26
4장 로봇 발전의 역사 32
- 지우의 블로그 #2 38
5장 로봇 팔 이야기 40
6장 로봇의 종류 44
- 지우의 블로그 #3 50
7장 로봇의 몸과 다리 52
8장 로봇을 발전시킨 사람들 60
- 지우의 블로그 #4 68

2부 인공지능

1장 인공지능이 뭘까? 73
2장 유명한 인공지능 78
- 지우의 블로그 #5 82
3장 약한 인공지능과 강한 인공지능 84
4장 인공지능의 역사 88
5장 인공지능을 발전시킨 인물들 94
6장 인공신경망과 딥러닝 102
- 지우의 블로그 #6 108
7장 4차 산업혁명 110
8장 인공지능이 만들어 갈 미래 116
- 지우의 블로그 #7 124

에필로그 **126**

프롤로그

지우는 눈을 번쩍 떴어요.
방학 숙제를 하다가 책상 앞에 앉은 채로 깜박 잠든 모양이에요.
그런데 방 안이 좀 이상해 보였어요.
"내 방이 엉망진창이잖아!"
지우는 눈을 비비고 다시 둘러보았어요. 방 안에 처음 보는 컴퓨터와 기계 장치, 전자 부품들로 가득한 잡동사니가 보였어요. 거기서 수상한 목소리가 들려왔어요.

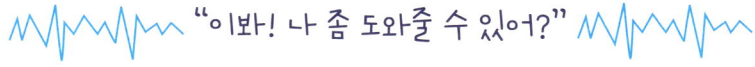
"이봐! 나 좀 도와줄 수 있어?"

지우가 잡동사니를 자세히 살펴보니 로봇 머리가 말을 하고 있었어요. 지우는 너무 놀라 엉덩방아를 찧었어요.
"으아아악! 깜짝이야!"

 "안녕? 난 인공지능 로봇 로로라고 해."

로로가 말했어요. 지우가 어리둥절한 표정을 짓자 로로가 설명을 덧붙였어요.
"정확히는 로봇을 만드는 과학자 로봇이지."
지우는 갑자기 오싹해져서 한 발짝 물러났어요.
"어쩌다 머리만 남았어?"
"사고가 났어. 로봇 탄생 200주년 기념 인공지능 로봇을 만들고 있었거든."
로로가 말했어요.
"200주년? 로봇이 언제 탄생했는데?"
"1920년에 로봇이라는 말이 처음 탄생했지!"
로로가 신나게 설명했어요.
"카렐 차페크라는 작가가 1920년에 발표한 「로섬의 만능 로봇」이라는 희곡 작품에서 처음으로 '로봇'이라는 말이 쓰였어."
"에이, 뭐야. 그럼 로봇이라는 말이 처음 쓰인 해가 1920년이란 거지? 만들어진 해가 아니라."
"작품이 나올 때만 해도 로봇은 허무맹랑한 공상에 불과했어.

하지만 수많은 사람이 연구를 거듭해서 진짜 로봇을 만들어
냈지. 무언가를 상상한다는 건 그만큼 위대한 일이야."
로로가 말했어요. 지우는 고개를 끄덕였어요. 처음에 로봇에
대해 상상한 사람이 없었다면 누가 로봇을 만들어 볼 생각을
했겠어요.
"잠깐만! 그런데 지금 대체 몇 년도야?"
로로의 질문에 지우는 2020년이라고 말해 줬어요.
"뭐? 정말? 난 분명 2120년에 있었단 말이야!"
로로가 두 눈을 깜빡이며 말했어요. 연구실 폭발 사고로
시간의 틈이 생긴 모양이었어요. 로로는 시간의 틈을 통해
과거로 날아온 것 같다고 했어요. 로로가 울상을 하자,
지우가 이렇게 말했어요.
"내가 도와줄게. 어떻게 하면 될까?"

"그나마 다행인 건, 시간의 틈으로 연구실에 있던 슈퍼컴퓨터랑 부품까지 같이 날아왔다는 거야. 저 잡동사니들 속에서 내 부품들을 찾아 줄래?"
로로는 자기 몸을 원래 모습대로 만들어 달라고 지우에게 부탁했어요.
"좋아! 대신 너도 날 도와줘. 내일이 개학인데, 마지막 방학 숙제 하나를 못 끝냈거든."
"숙제로 뭘 해야 하는데?"
"블로그를 만들고 자기가 좋아하는 것에 대한 게시물을 일곱 개 올리는 거야."
지우가 말했어요. 처음에는 숙제가 엄청 쉬워 보였어요. 하지만 금지 주제인 게임, 연예인, 만화를 빼고 나니까 주제 삼을 만한 것을 찾기가 쉽지 않았어요.

그때 지우 머릿속에 아이디어가 반짝 떠올랐어요.
"그래! 방학 숙제 주제를 인공지능 로봇으로 해야겠어. 네가 자세히 알려 줘."
지우의 말에 로로는 흔쾌히 알겠다고 대답했어요.

"난 100년 뒤 미래에서 왔지만, 미래의 일을 미리 말해 줄 수는 없어. 네가 살고 있는 시대에 맞는 이야기만 해 줄게."

로로가 말했어요.

1부

로봇

로봇을 연구해서
탁월한 성과를 이룬 사람 중에는
어린 시절에 접한 과학 소설이나 영화에서
영감을 받은 사람들이 많아. 어렸을 때
상상만 했던 로봇을 만들려고 노력하다 보니
로봇 발전에 중대한 기여를 하게 된 거야.

- 〈로봇을 발전시킨 사람들〉 중에서

1
로봇이 뭘까?

"지우야, 넌 로봇이 뭔지 알아?"
로로가 물었어요. 지우는 로봇을 좋아하긴 했지만, 자세히 알지는 못했어요. 영화에서 자동차로 변신하는 로봇을 조금 아는 정도였죠.
"자동으로 움직이는…… 기계? 사람도 도와주고."
지우가 망설이며 대답했어요.
"딩동댕!"
"우아! 진짜? 생각나는 대로 말한 건데?"
"정확하지는 않지만, 의미는 비슷하게 맞혔어."
"그럼 정확히 무슨 뜻인데?"
지우가 묻자 로로의 눈에서 레이저 빔이 뿜어져 나왔어요. 그러자 공중에 반짝거리는 글자들이 나타났어요.

"그럼 로봇이 대체 뭔데?"

'사람의 행동이나 작업을 자동으로 처리하는 기계 장치.'

지우는 문장을 쭉 읽어 봤어요. 이 문장만 읽고서는 로봇이 얼른 떠오르지 않았어요.
"그럼 엘리베이터도 로봇이야? 사람들을 자동으로 아래층에서 위층으로 올려 주잖아."
지우가 이렇게 묻자 로로가 씩 웃었어요.
"좋은 질문이야! 엘리베이터가 사람 일을 대신해 주기는 하지만 로봇이라고 할 수는 없어."
"그럼 로봇이 대체 뭔데?"
지우가 묻자 로로가 설명을 시작했어요.

첫째, 스스로 움직일 수 있어야 해.
    스마트폰은 사람의 일을 자동으로 잘 처리해.
    하지만 스스로 움직일 수 없으니 로봇이라고는 하지 않아.

둘째, 주어진 일을 꼼꼼하고 정교하게 처리할 수 있어야 해.
    전자레인지를 로봇이라고 하지 않아. 음식을 따뜻하게 데워 줄 수는 있어도 복잡한 요리를 정교하게 만들어 주지는 못하거든.

셋째, 다른 물체나 사물을 운반할 수 있어야 해.
    인공지능 스피커를 로봇이라고 하진 않아.
    다른 물체나 사물을 운반할 수 없잖아.

넷째, 데이터와 프로그램에 의한 인공지능을 갖추어야 해.

에스컬레이터를 로봇이라고 하지 않아. 스스로 판단할 수 있는 인공지능을 갖추지 않았거든.

다섯째, 여러 가지 센서를 이용한 감각 능력이 있어야 해.

컴퓨터를 로봇이라고는 하지 않지. 무언가를 보고 듣고 만져서 알 수 있는 능력은 없으니까.

한마디로 정리하면 **'로봇'은 스스로 일을 할 수 있는, 사람과 비슷한 형태의 기계**를 뜻해.
이 의미는 조금씩 변하고 있어. 로봇이라는 말이 처음 쓰인 카렐 차페크의 희곡 작품에서 로봇은 사람이 시키는 대로만 움직이는 기계 장치를 말했단다.
하지만 요즘은 인공지능 기술이 발달해서, 사람이 지시하지 않아도 알아서 일하는 기계라는 뜻으로 정의가 바뀌고 있어.

"이건 1980년대에 로봇을 연구한 과학자들이 내린 정의야."
로로가 설명을 마쳤어요. 지우는 로봇이라는 말의 의미가 시대에 따라 변하고 있다는 사실이 흥미롭게 느껴졌어요. 언젠가 우리가 상상하지도 못했던 로봇이 탄생할 수도 있다는 뜻이니까요.

2
세상을 놀라게 한 로봇들

지우는 과학자들이 연구하는 로봇이 실제로 어떻게 생겼는지 보고 싶었어요. 지우가 아는 로봇은 만화나 영화에 나오는 캐릭터들이 전부였거든요.
"로로, 유명한 로봇들을 보여 줄 수 있어?"
"물론이지. 전 세계 사람들의 사랑을 받은 멋진 로봇들을 보여 줄게!"
로로는 레이저 빔을 쏘았어요.

아시모 아시모는 일본의 혼다(HONDA)라는 자동차 회사에서 2000년에 발표한 세계 최초의 두 발로 걷는 휴머노이드 로봇이야.

130cm의 키에 무게는 48kg 정도이지.
등에 달린 배터리를 충전하면 40분 정도 작동할 수 있단다. 시속 6~9km의 속도로 걷고 뛸 수 있고 계단을 오르내릴 수도 있어. 사람처럼 자연스럽게 걸어와서 컵에 물을 따르는 아시모의 모습은 세계 사람들을 놀라게 했지.
2011년까지 세 차례에 걸쳐 업그레이드되었어. 한 발로 뜀뛰기도 할 수 있게 됐고, 수화로 자기소개를 하는 등 여러 가지 일을 할 수 있게 되었어. 아쉽게도 혼다에서는 더 개발하고 있지는 않아.

휴보
KHR, DRC 등

KHR휴보는 우리나라 카이스트대학교 연구팀에서 2004년에 선보인 국내 최초의 두 발로 걷는 로봇이야.

키는 120cm에 무게는 55kg 정도이고, 가슴 속에 든 배터리로 1시간 가까이 작동하지. 카이스트 연구팀은 이 로봇을 꾸준히 발전시켜서 2015년에 DRC휴보라는 로봇을 탄생시켰어.

DRC휴보는 168cm의 키에 무게 80kg, 고성능 리튬 이온 배터리로 4시간 동안 작동할 수 있어. DRC휴보는 2015년 '재난 대응 로봇 대회'에 참가해서 1등을 했단다.

재난 대응 로봇이란 화재나 지진, 폭발과 같은 재난

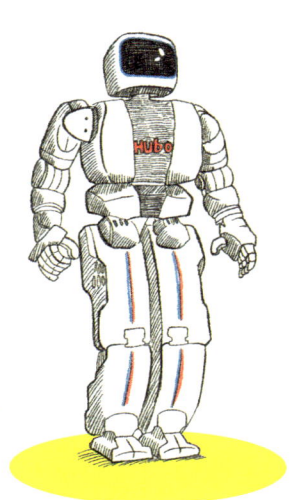

KHR휴보

상황에서 사태를 수습할 수 있는 능력을 갖춘 로봇을 뜻해. 그리고 세계의 수많은 연구팀에서 개발한 재난 대응 로봇들이 참가해 능력을 겨루는 행사인 재난 대응 로봇 대회가 해마다 미국에서 열리고 있어. DRC휴보는 차를 타고 운전해서 현장에 도착한 다음, 나뭇더미 같은 장애물을 치우고 여러 개의 문을 열고 사다리를 올라가 소방 호스를 연결하고, 가스 밸브를 잠가야 하는 임무를 멋지게 해냈단다.

페퍼

2014년 일본 소프트뱅크에서 처음으로 공개한 가정용 서비스 로봇이야. 가장 큰 특징은 사람의 감정을 읽고 대화할 수 있다는 거야.

페퍼는 120cm의 키에 무게는 29kg이고, 하체 안에 있는 리튬 이온 배터리로 12시간까지 움직일 수 있단다. 하지만 아시모나 휴보처럼 두 발로 걷는 게 아니라 바퀴로 움직이기 때문에 계단을 오르내리지는 못해.
대신 가슴 부분에 사람들에게 편의를 제공할 수 있는 태블릿이 장착되어 있고 3D 카메라, 마이크, 레이저 센서, 음파 센서 등 다양한 센서가 있어서 사람의 표정과 목소리를 통해 분위기와 감정을 파악할 수 있지.
2018년 7월에는 휴머노이드 로봇 최초로 영국 의회에서 연설을 하기도 했단다.

아틀라스
빅독, 리틀독, 치타, 와일드캣, 스팟 등

아틀라스는 미국의 보스턴 다이내믹스(Boston Dynamics)라는 회사에서 2017년에 처음 공개한 휴머노이드 로봇이야. 188cm의 키에 무게가 156kg으로 덩치가 엄청나게 크지만 울퉁불퉁한 땅에서도 넘어지지 않고 달릴 수 있을 정도로 안정성이 뛰어나단다.
첫 공개 영상에서 아틀라스는 사람이 막대기로 강하게 밀어도 균형을 잃지 않았는데, 그 모습이 사람과 무척 비슷해서 무섭다는 반응까지 있을 정도였지.
아틀라스의 팔에는 동그란 모양의 손이 달려서 상자를 들고 나를 수도 있어.
이 밖에도 보스턴 다이내믹스에서는 강아지, 치타, 고양이 등 동물을 닮은 다양한 로봇들을 개발하고 있단다.

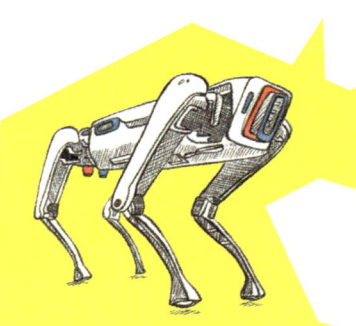

강아지 로봇 스팟

T-HR3

T-HR3는 일본의 자동차 회사 도요타가 2017년에 공개한 휴머노이드 로봇이야. 154cm의 키에 무게는 75kg이지. 다른 로봇들과 T-HR3의 가장 큰 차이점은 영화 「아바타」(외계 행성에 자원을 채취하기 위해 인간이 조종할 수 있는 인공 육체 '아바타'를 만들어 보낸다는 줄거리의 SF 영화)처럼 사람이 원격 조종할 수 있다는 거야. 웨어러블 장비(몸에 착용하는 기계 장치)를 입은 사람의 동작을 T-HR3가 그대로 따라 한단다. 가상 현실(VR) 장비를 통해 로봇 눈에 보이는 풍경을 사람이 똑같이 볼 수 있고 팔과 손, 다리 등 로봇의 각 부위 관절들을 굉장히 세밀하게 만들어서 가벼운 풍선을 쥐는 것 같이 정교한 동작도 해낼 수 있지. 도요타는 자동차를 만드는 과정에서 위험한 작업을 할 때 T-HR3를 투입할 계획이 있다고 해.

"우아! 멋지다! 까먹기 전에 블로그에 써 놔야겠어."
로로의 설명을 들은 뒤, 지우는 책상 앞에 앉아 컴퓨터를 켰어요.

지우의 블로그 #1

로봇이라는 말에 그런 뜻이?

로로 덕분에 로봇에 대해 많은 것을 알게 되었다.

로봇은 스스로 일을 할 수 있는, 사람을 닮은 기계이다.
로봇이라는 말은 체코의 카렐 차페크라는 작가가 1920년에 발표한 「로섬의 만능 로봇」이라는 작품에서 처음 썼다.
로봇은 체코어로 노동, 힘든 일을 뜻하는 '로보타(robota)'를 약간 바꿔서 만든 말이다. 사람이 하기 싫은 일을 대신해 주는 기계라는 뜻으로 로봇이라고 이름 붙였다고 한다.

1980년대에 로봇을 연구하는 여러 학자가
로봇의 정의에 대해 이렇게 정리했다.

로봇은
1. 스스로 움직일 수 있어야 한다.
2. 꼼꼼하고 정교하게 일을 해낼 수 있어야 한다.
3. 사물을 운반할 수 있어야 한다.
4. 인공지능을 갖추어야 한다.
5. 여러 가지 감각 능력이 있어야 한다.

로봇의 정의는 시대마다 조금씩 달라지고 있다고 한다.

세상에서 가장 유명한 로봇은 다음과 같다.

- 세계 최초의 두 발로 걷는 **아시모**(130cm / 48kg)는 걷고 달리기는 물론 컵을 쥘 수도 있어서 사람들을 놀라게 했다.

- 우리나라 최초의 두 발로 걷는 **KHR휴보**(120cm / 55kg)는 일본이 15년 동안 연구한 로봇 기술을 단 3년 만에 따라잡았다.
- 우리나라 최초로 재난 대응 로봇 대회에서 1등 한 **DRC휴보**(168cm / 80kg)는 2015년 재난 대응 로봇 대회에서 운전, 장애물 통과, 문 열기, 소방 호스 연결 등 8개의 임무를 수행하고 가장 높은 점수를 받아 1등을 했다.

- 역사상 최초로 영국 의회에서 연설한 **페퍼**(120cm / 29kg)는 사람의 표정을 분석해 교감할 수 있는 최초의 로봇이기도 하다.

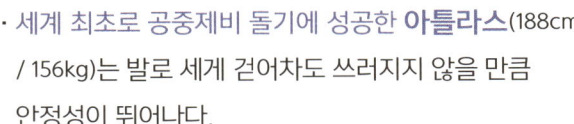

- 세계 최초로 공중제비 돌기에 성공한 **아틀라스**(188cm / 156kg)는 발로 세게 걷어차도 쓰러지지 않을 만큼 안정성이 뛰어나다.

- 세계 최초로 원격 조종이 가능한 **T-HR3**(154cm / 75kg)는 가상 현실 장비를 이용해 로봇이 보는 것을 멀리 떨어진 곳에 있는 사람도 똑같이 볼 수 있다.

3
로봇의 구조

로로의 눈에서 나온 레이저 빔이 로봇 설계도를 만들었어요.
지우는 입체 설계도를 보고 입이 떡 벌어졌어요.
"뭔가 사람과 비슷한 것 같아!"
지우의 말에 로로가 고개를 끄덕거렸어요. 사람이 뇌와 감각 기관, 근육과 뼈 등 다양한 신체 기관을 이용해 생각하고 몸을 움직이는 것처럼 로봇에게도 이와 비슷한 여러 장치들이 필요해요.
"그런데 지우야, 로봇의 여러 장치 중에서 가장 중요한 게 무엇일 것 같아?"
지우는 금세 답이 떠올랐어요. 사람 몸에서 머리가 가장 중요하다고 하잖아요. 정확한 이름은 모르지만, 로봇의 뇌에 해당하는 장치가 가장 중요할 것 같았어요.

"로봇도 뇌가 가장 중요한 거 아냐?"
지우가 말했어요. 그러자 로로가 씩 웃었어요.

─〰─ 네가 방금 얘기한 건 제어 장치라는 거야. 사람이 어떤 일을 하려면 생각을 하고 판단해서 결정을 내리잖아? **로봇에게도 사람의 뇌와 같은 역할을 해 주는 장치가 필요한데, 그게 바로 제어 장치야.** 로봇에게 입력된 여러 가지 정보들을 분석하고 판단하는 역할을 하지.
로봇마다 조금씩 다르지만, 제어 장치는 '마이크로프로세서'라는 작은 컴퓨터와 여러 가지 전자 부품으로 이루어져 있어. 기술이 발전하면서 제어 장치의 크기는 점점 작아지고 성능은 좋아지고 있단다.

"우아! 내가 정답을 맞힌 거지?"
지우가 빙그레 웃으며 물었어요.
"흠, 더욱 중요한 장치가 있어."
로로의 말에 지우는 깜짝 놀랐어요.
"그게 뭔데?"
"저쪽까지 갔다가 눈을 감고 나한테 걸어와 볼래?"
지우는 의아했지만 로로가 부탁한 대로 해 보았어요. 눈을 감고 세 발짝까지 걷는 건 괜찮았는데 그 이상은 어려웠어요.
"더는 못하겠어! 대체 왜 이걸 해 보라고 한 거야?"

"보이지 않으면 단 몇 발짝도 걷기 힘들어. 이처럼 사람의 뇌만큼이나 중요한 게 감각 기관이야."
로로가 말했어요.

◦◦◦ 로봇에게 뛰어난 제어 장치가 있다 하더라도 사람의 눈, 코, 입, 손 같은 감각 기관이 없으면 제대로 작동할 수 없어. 이러한 로봇의 감각 기관을 센서라고 불러. 집 현관에 들어설 때 자동으로 전등이 켜지는 걸 본 적 있지? 전등에 사람의 움직임을 감지하는 센서가 있어서 불이 켜지는 거야.
이렇듯 센서는 시각, 후각, 촉각, 청각 등 사람의 여러 감각 기관 역할을 하는 기계 장치란다. 초소형 카메라는 대표적인 시각 센서인데, 한 로봇에 수많은 카메라가 장착돼. 카메라 여러 개로 주변 환경을 입체적으로 파악해야 부딪히거나 넘어지지 않고 움직일 수 있거든. 이뿐만 아니라 냄새를 맡는 후각 센서, 소리를 감지하는 청각 센서, 압력을 감지하는 압력 센서, 기울기를 감지하는 기울기 센서 등 로봇을 위한 수많은 센서가 개발되고 있어.

로로의 설명에 지우는 고개를 끄덕였어요.
"제어 장치는 네 머리 안에 들어 있으니까 됐고, 방 안 곳곳에 흩어져 있는 센서들을 찾으면 되는 거지?"
지우가 물었어요.
"눈썰미가 좋은걸? 하지만 로봇을 만들려면 조금 더 많은

"보이지 않으면 단 몇 발짝도 걷기 힘들어.
이처럼 사람의 뇌만큼이나 중요한 게
감각 기관이야."

장치가 필요해."

"또 필요한 게 있어?"

"센서와 제어 장치가 있어도 로봇의 몸을 움직이게 하는 장치가 없다면 아무 소용없어."

로로가 말했어요.

"가장 중요한 걸 빠트린 거잖아! 그게 뭔데?"

"구동 장치라는 거야."

〰️ **제어 장치의 명령을 받아서 실제로 로봇의 몸을 움직이게 하는 것을 구동 장치라고 해.** 우리 몸의 근육과 같은 역할을 하지. 사람과 비슷한 부드러운 움직임을 위해 로봇에 '액추에이터'라는 구동 장치를 활용하고 있어.

액추에이터란, 로봇의 특정 부분을 움직이게 하는 기계 장치야. 예를 들면 로봇 팔 부위에 있는 액추에이터는 팔을 움직이게 하고, 다리에 들어 있는 액추에이터는 다리를 움직이게 하는 식이지. 액추에이터는 모터와 용수철 등의 부품들로 구성되어 있는데, 전기로 작동하는 것도 있고 공기나 기름의 압력으로 작동하는 것들도 있단다.

사람의 간단한 동작을 로봇이 따라 하게 만들려면 엄청나게 많은 액추에이터와 복잡한 명령이 필요해. 로봇 공학자들은 액추에이터를 발전시켜서 어떻게 하면 로봇을 사람처럼 부드럽고 자연스럽게 움직이게 할 수 있을까 고민하고 있지.

"제어 장치, 센서, 구동 장치. 이렇게 세 가지가 로봇의 구성 요소인 거구나! 블로그에 정리해야겠다!"
지우가 말했어요.
"잠깐! 가장 중요한 게 빠졌어. 지우 너, 밥 안 먹고 학교 다닐 수 있어?"
"그게 무슨 끔찍한 소리야? 맛있는 음식 먹는 게 인생 최고의 낙인데!"
지우가 팔짝 뛰었어요. 그 순간 떠오른 사실이 있었어요.
"아, 로봇도 밥을 먹어야지!"
지우의 말에 로로가 설명을 덧붙였어요.

─⋀⋁⋀─ 로봇의 수많은 장치가 제대로 작동하려면 에너지원이 필요해. 로봇에게 에너지를 공급하는 장치를 전원 장치라고 불러. 전원 장치가 몸 안에 있는 로봇도 있고, 가전제품처럼 플러그를 꽂아야 작동하는 로봇도 있어. 우주 탐사 로봇은 태양열 전지판을 부착하고 있어서 스스로 발전을 하기도 해. 최근에는 특수 소재를 활용해 물 위에서 전원 장치 없이 움직일 수 있는 로봇도 개발됐어.

4 로봇 발전의 역사

지우는 블로그에 올릴 첫 게시물을 꼼꼼히 정리했어요.
"그런데 로봇은 언제부터 만들기 시작한 거지?"
지우가 혼잣말로 중얼거렸어요. 그때 문득 어떤 작가가
로봇이라는 말을 처음 썼다는 이야기가 생각났어요. 지우는
로로가 또 나서서 아는 체하기 전에 재빨리 말했어요.
"아하! 카렐 차페크라는 작가가 로봇이라는 말을 처음 썼다고
했잖아. 그러면 로봇은 그 이후에 만들어졌겠네?"
"땡! 로봇은 그전부터 있었어."
로로의 말에 지우는 깜짝 놀랐어요.
"로봇이라는 말이 생기기도 전에 로봇이 있었다고?"
"로봇의 역사를 쭉 훑어보면, 상상이라는 게 얼마나 위대한
일인지 알 수 있지!"

신화와 상상의 시대
(고대~중세)

사람들은 자기 일을 대신할 존재를 상상하고 이야기로 만들었어. 고대 신화 속에 그 흔적이 많이 나타나 있단다. 그리스 신화의 대장장이 신 헤파이스토스는 황금으로 시녀 조각상을 만들어 시중을 들게 했다고 해. 또 유대인 신화 중에 사람 모습을 본 따 진흙으로 만든 골렘이 나오는데, 주인이 시키는 것은 무엇이든 했다고 하니 로봇과 비슷하지? 우리나라 고전 『삼국유사』에서도 이런 흔적을 찾을 수 있어. 이사부라는 장군이 나무로 만든 사자인 '목우'를 이용해 일본군을 무찌른 이야기가 남아 있어.

기초 과학과 자동 기계 시대
(르네상스 시대~근대)

기술이 발전하면서 사람들은 상상 속의 물건들을 실제로 만들기 시작했어. 톱니, 도르래, 바퀴, 지렛대 등 간단한 도구를 사용해서 멀리 떨어진 문이나 조각상을 움직이게 하는 식이었지.

그러다가 수학 같은 기초 과학이 점점 발달해서 더욱 정교한 기계를 만들기 시작했어. 12세기 이슬람에 살았던 알 자자리는 자동으로 움직이는 인형, 자동으로 열리고 닫히는 문 등 수많은 자동 기계를 연구하고 만든 인물로 유명해.

**전기와
컴퓨터 시대
(근대~현대)**

자동 기계와 관련된 연구는 19세기 말 전기가 널리 사용되면서 급속도로 발전했어. 20세기 중반 컴퓨터가 탄생한 뒤 발전 속도가 더욱 빨라져서, 마침내 그럴듯한 로봇을 만들어 냈어.
사람이 시키는 대로만 움직이는 기계가 아니라, 주변 상황을 파악하고 반응할 수 있는 로봇을 만들어 낸 거야. 컴퓨터의 크기가 더 작아지고 성능은 좋아지면서 로봇을 만드는 기술도 빠르게 발전했지.

**최첨단 과학과
인공지능 시대
(현대~미래)**

이제 기초 과학뿐만 아니라 전기공학, 기계공학, 제어계측학, 컴퓨터공학 등 다양한 공학 기술 분야의 연구를 바탕으로 로봇을 개발하고 있어. 최근에는 로봇에 인공지능 기술을 이용하면서 공학뿐만 아니라 로봇과 관련한 철학과 심리학, 법학 등 인문학도 주목받고 있지. 인공지능 로봇이 사람들의 일상으로 들어갔을 때 생길 수 있는 문제들을 미리 연구하고 있는 거야.

"어때? 이렇게 쭉 훑어보니까 멋지지 않니?"
로로의 말에 지우는 고개를 끄덕였어요. 신화 속에 나온 자동 기계 이야기는 허무맹랑한 상상 같았어요.
하지만 사람들이 연구를 거듭해 실제로 로봇을 만들어 냈다는 사실이 대단하게 느껴졌어요.
"상상한다는 건 정말 멋진 일이구나!"
지우가 큰 소리로 말했어요.

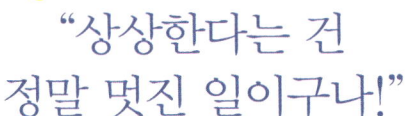

"상상한다는 건
정말 멋진 일이구나!"

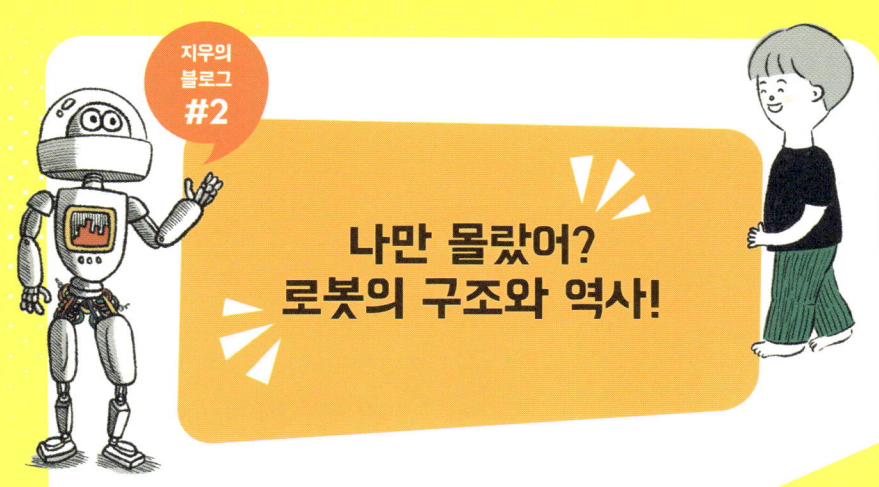

지우의 블로그 #2
나만 몰랐어? 로봇의 구조와 역사!

사람에게 여러 가지 신체 기관이 필요한 것처럼 로봇도 여러 가지 장치가 필요하다. 사람과 비교해 보면 이렇다.

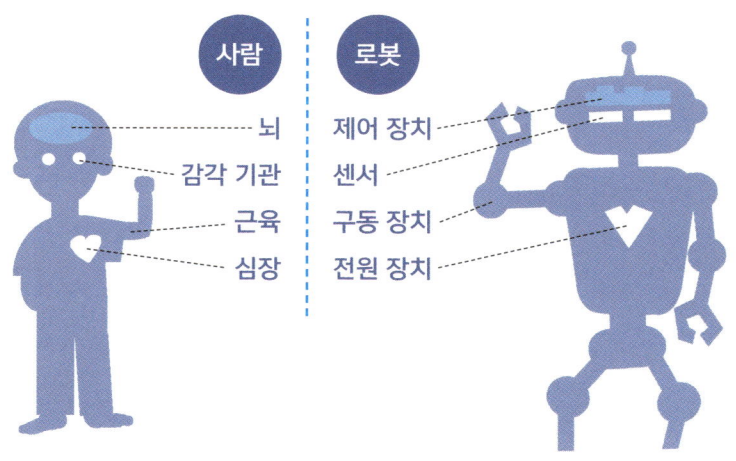

사람	로봇
뇌	제어 장치
감각 기관	센서
근육	구동 장치
심장	전원 장치

사람의 몸에서 어느 한 기관이 없으면 제대로 움직일 수 없는 것처럼, 로봇도 어느 한 가지가 가장 중요하다고 할 수 없을 만큼 모든 장치가 중요하다. 아주 오래전부터 사람들은 로봇을 상상하고 만들어 왔다. 옛날 사람들도 하기 싫은 일을 대신해 주는 기계가 있었으면 좋겠다고 생각했나 보다.

1. 신화와 상상의 시대(고대~중세)

사람들은 하기 싫은 일을 대신해 주는 기계를 상상했다. 신화나 설화 속에 흔적이 남아 있다.

2. 기초 과학과 자동 기계 시대(르네상스 시대~근대)

여러 가지 도구와 기술이 탄생하면서 사람들은 자동으로 움직일 수 있는 간단한 기계들을 만들어 보기 시작했다.

3. 전기와 컴퓨터 시대(근대~현대)

전기와 컴퓨터가 발명되면서 로봇과 관련된 기술이 엄청나게 빨리 발전했다.

4. 최첨단 과학과 인공지능 시대(현대~미래)

인공지능 연구가 활발하게 이루어지고 로봇에 적용되면서 인공지능 로봇 시대가 열리게 되었다.

5
로봇 팔 이야기

로로가 눈으로 레이저 빔을 쏘아 방 한쪽에 있는 잡동사니 더미를 가리켰어요.

"좋아, 이제 네가 날 도울 차례야. 저 물건 중에 내 팔이 있는데, 좀 찾아 줄래?"

로로가 말했어요. 지우는 자신 있게 대답하고 잡동사니 쪽으로 갔어요. 하지만 물건들이 너무 많아서 어떤 것이 로로의 팔인지 알 수 없었어요.

"로로, 네 팔은 어떻게 생겼어?"

"사람 팔과 비슷하게 생겼지."

로로의 말에 지우는 물건들을 자세히 살펴봤어요. 여러 팔 중에서 사람 손과 비슷한 손이 달린 팔이 있었어요.

"이거다!"

"맞아. 하나 더 부탁해!"
로로의 말에 지우가 되물었어요.
"그런데 로봇 팔은 전부 다 사람 팔처럼 생긴 거야?"
"아니, 그렇지 않아."

〰️ 로봇 팔에 달린 손의 형태에 따라 크게 덱스트러스 방식과 그리퍼 방식, 두 가지 방향으로 발전하고 있어. 사람처럼 손가락 다섯 개가 있는 손이 달린 것은 덱스트러스 방식의 로봇 팔이라 부르고, 단순한 집게 모양의 손이 달린 팔은 그리퍼 방식의 로봇 팔이라고 불러.

덱스트러스 방식의 로봇 팔은 그리퍼 방식의 팔보다 개발하고 제어하기가 어려워. 대신 사람처럼 다섯 손가락에 각각 세 개 이상의 관절이 들어가 있어서 복잡하고 정밀한 동작을 해낼 수 있단다. 카이스트에서 만든 휴보의 팔은 덱스트러스 방식으로 만들어졌어. 사람의 힘줄을 대신하는 와이어(아주 가느다란 철사)가 들어 있어서 손가락 다섯 개가 따로따로 움직일 수 있지. 휴보의 손으로 막대기처럼 딱딱한 물건은 물론, 둥근

공도 잡을 수 있어.

정교한 로봇 팔과 손을 만들려면 촉각과 시각 센서도 함께 개발해야 해. 사람은 물건을 잡기 전에 눈으로 그 물건의 크기와 강도를 미리 파악하거든. 물건을 잡은 뒤에도 촉각으로 물건의 상태를 느끼면서 힘 조절을 하기 때문에 계란처럼 잘 깨지는 물건도 안전하게 잡을 수 있는 거야. 연구자들은 이런 움직임을 로봇 팔에 나타내려고 노력하고 있지.

반면 **그리퍼 방식**의 로봇 팔은 만들고 제어하기 쉬운 편이지만 정밀한 동작을 하기 어려워. 물건을 집었다가 놓았다가 할 수 있는 정도야. 팔의 모양에 따라 기능이 제한적이라는 단점도 있어. 사람은 손과 팔을 이용해 물건 크기에 상관없이 들거나 옮길 수 있지만, 그리퍼 방식의 로봇 팔은 정해진 크기의 물건만 나를 수 있어.

로로의 설명을 듣는 동안 지우는 잡동사니 속에서 덱스트러스 방식의 로봇 팔을 하나 더 찾았어요. 지우는 기쁜 마음에 로봇 팔을 든 채 로로를 향해 달려왔어요.

"지우야, 떨어트리지 않게 조심해!"

로로가 소리쳤어요. 지우는 깜짝 놀라 멈춰 섰어요.

"로봇 팔은 수많은 부품으로 아주 정교하게 이루어져

있어. 특히 사람 손과 비슷한 덱스트러스 로봇 팔은 더욱더 조심히 다뤄야 해."
로로가 말했어요. 지우는 로로의 말을 듣고 상상의 나래를 펼쳤어요. 사람 팔을 가진 로봇들은 여러 가지 일을 할 수 있을 것 같았어요.

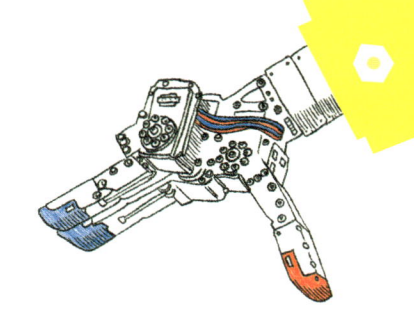

"그리퍼 방식의 팔을 가진 로봇들은 어디에서 어떤 일을 해?"
"그리퍼 방식의 로봇 팔은 단순한 동작을 반복하는 제조 공장 같은 여러 산업 현장에서 쓰이고 있단다."
"아하! 무거운 짐을 나르고 나사를 조이거나 푸는 일을 하는 거겠지?"
지우가 말하자 로로가 눈을 찡긋 감으며 이렇게 말했어요.
"맞아. 공장에서는 그리퍼 방식의 손으로도 충분히 제 기능을 다 할 수 있으니까."
지우도 로로에게 눈을 찡긋 감아 보였어요.

6 로봇의 종류

지우는 산업용 로봇들이 공장에서 일하는 그림을 그렸어요. 멋지게 완성한 그림을 블로그에 올릴 생각이었어요. 그런데 그림을 본 로로가 하하 웃었어요. 지우가 그린 로봇은 사람과 비슷한 생김새에 그리퍼 방식의 손이 달린 모습이었어요.

"지우야, 공장에 있는 로봇은 사람처럼 생기지 않았어."

"뭐? 정말? 분명 로봇이 사람처럼 생긴 기계라고 했잖아!"

지우가 펄쩍 일어서며 말했어요.

"그렇지. 근데 그건 서비스 로봇 이야기이고, 산업용 로봇은 조금 달라."

"산업용 로봇은 뭐고, 서비스 로봇은 뭐야?"

지우의 질문에 로로가 레이저 빔을 쏘았어요.

〰️ 로봇은 크게 산업용 로봇과 서비스 로봇, 두 가지 종류로 나눌 수 있어.

산업용 로봇은 여러 가지 제품을 생산하는 과정에서 사람에게 도움을 주는 기계 장치야. 사람이 하기 힘든 정교하고 복잡한 조립을 하거나, 무거운 도구나 부품을 운반하는 일 등을 대신해 주지. 산업용 로봇은 사람처럼 생기지 않았고, 용도와 기능에 따라 가장 효율적인 형태를 갖추고 있어.

서비스 로봇은 사람의 생활 반경 안에 가까이 있으면서 여러 가지 편리한 도움을 주는 로봇을 말해. 집안일을 대신해 주는 로봇, 사람의 건강을 챙겨 주는 로봇, 교육을 담당하는 로봇, 취미 활동을 돕거나 운동을 같이해 주는 로봇 등 기능과 종류가 점점 다양해지고 있어. 서비스 로봇은 상업용 로봇과 개인용 로봇 두 가지로 나뉘어. 상업용 로봇은 백화점, 회사, 은행, 공항, 공공기관 같은 곳에서 사람들에게 편의를 제공하는 로봇이야. 개인용 로봇은 집안일을 대신하고, 사람의 건강을 챙기거나 학습을 돕는 등 주로 집에서 사람들의 일을 돕는 로봇을 뜻해.

"앞에서 말한 페퍼가 서비스 로봇의 대표적인 예란다."
로로가 자세히 알려주었지만, 지우는 여전히 궁금했어요.
"산업용 로봇은 어떻게 생겼는데?"
지우의 질문에 로로가 설명을 계속했어요.

〜〜 일본의 화낙(FANUC)은 **산업용 로봇**을 만드는 회사로 유명해. 전 세계 자동차 공장, 스마트폰 공장에 있는 산업용 로봇들 대부분이 화낙에서 만든 로봇이라고 해도 과언이 아니야.
산업용 로봇을 만드는 회사답게 화낙에서 출시하는 제품들 역시 산업용 로봇이 만들고 있어. 공장 자동화율이 80%에 달해서 아주 적은 인원으로 엄청나게 많은 산업용 로봇과 부품들을 만들 수 있지. 그래서 별명이 '로봇이 로봇을 만드는 회사'야.
화낙의 산업용 로봇을 사용하는 일본의 전자제품 회사 파나소닉에서는 겨우 25명의 직원으로 매달 200만 대의 텔레비전을 만든다고 하니 정말 대단하지?

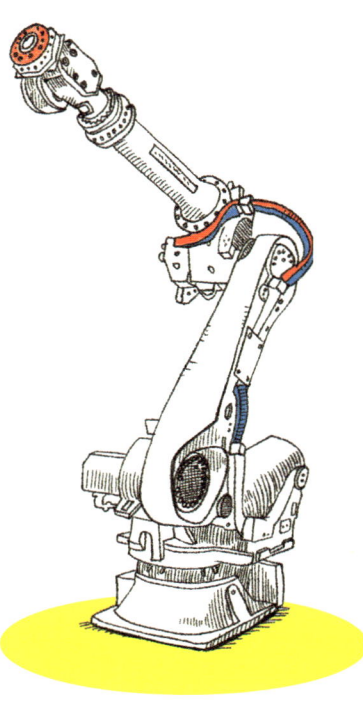

"그리고 용도와 상관없이 사람처럼 두 발로 걷고 두 팔을 쓰는 로봇을 통틀어 '휴머노이드'라고 불러."

"영어 시간에 배웠어! 휴먼이 사람이라는 뜻 아냐?"

지우가 말했어요.

"빙고! 사람을 뜻하는 '휴먼(human)'에, '무엇과 닮은 것'이라는 뜻의 그리스어 '오이드(oid)'를 합해 만든 말이야."

"그럼 안드로이드라는 말도 많이 쓰던데, 그건 뭐야?"

지우가 물었어요.

"안드로이드는 사람을 뜻하는 그리스어 '안드로(andro)'에 오이드(oid)를 합친 말이야."

로로의 설명에 지우는 고개를 갸웃거렸어요.

"휴먼도 사람, 안드로도 사람이면 결국 휴머노이드나 안드로이드나 똑같은 말 아니야?"

지우가 묻자 로로가 다시 설명을 시작했어요.

〜〜 **안드로이드**는 사람과 비슷한 겉모습에, 사람과 비슷한 수준의 인공지능까지 갖춘 로봇을 뜻해. 사람처럼 말도 하고 판단하고 행동해야 안드로이드라고 부를 수 있단다.

한편, **휴머노이드**라는 말은 로봇뿐만 아니라 인간을 닮은 어떤 것에든 붙일 수 있는 말이야. 인간을 닮은 동물이나 외계인도 휴머노이드라고 부르지.

그러니까 어떤 것이든 겉모습이 사람을 닮았으면 휴머노이드라고 부를 수 있어. 하지만 사람들이 휴머노이드를 로봇 용어로만 쓰기 시작하면서 이제는 '사람을 닮은 로봇'이라는 뜻으로 굳어졌어.
사이보그라는 건 사람 또는 동물 등 생명체의 몸에 기계 장치를 붙인 것을 말해. 예를 들어 사고로 한쪽 팔을 잃은 사람이 로봇 팔을 이식받은 경우, 사이보그라고 불러.

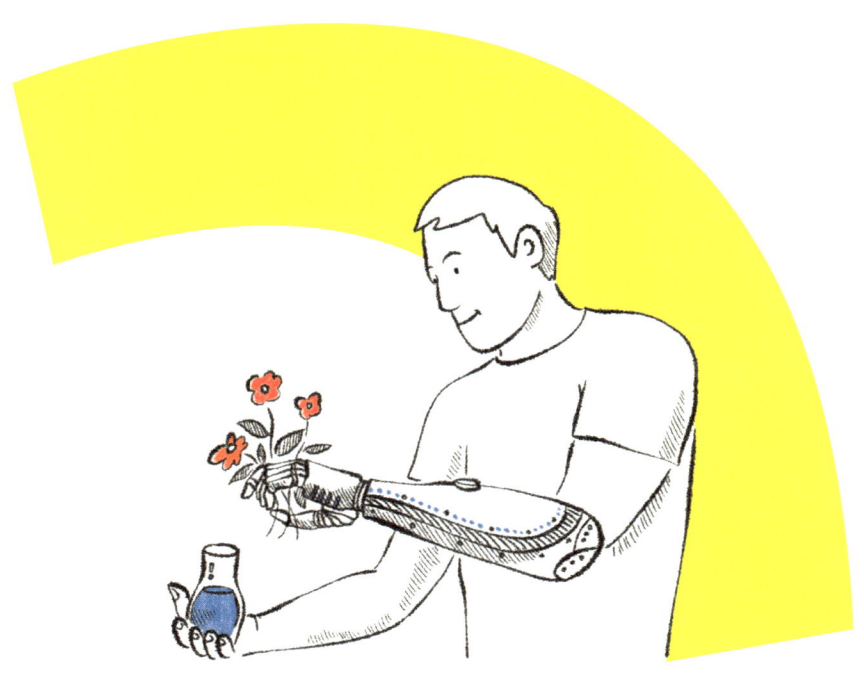

"예전에는 산업용 로봇에 대한 수요가 많아서 발전 속도가 무척 빨랐어. 많은 나라에서 공장을 많이 짓고 물건들을 많이 만들어 냈으니까. 앞으로는 개인용 로봇에 대한 수요가 훨씬 더 많아질 거야."
로로가 말했어요. 지우는 개인용 로봇이 일상 속으로 들어오면 어떤 모습일까 떠올려 봤어요.

"로봇하고 친구가 될 수도 있겠네?"
"그럼! 점점 더 로봇이 인간의 생활 속으로 깊숙이 들어오게 될 거야. 공연을 하는 무대 로봇, 반려동물을 대신하는 로봇, 병원에서 의사와 간호사를 돕는 로봇, 재난 현장에서 구조 작업을 하는 로봇 등 사람들은 다양한 용도의 로봇을 개발하고 있어."
로로가 말했어요. 지우는 언젠가 로봇 친구가 생길 수 있다는 상상을 하자 짜릿한 기분이 들었어요.

지우의 블로그 #3

로봇의 종류가 이렇게 많아?

로봇은 크게 산업용 로봇과 서비스 로봇으로 나뉜다.

1. **산업용 로봇**은 공장에서 단순하고 반복적인 일을 사람 대신해 주는 로봇을 말한다.
2. **서비스 로봇**은 생활 속에서 다양한 도움을 주는 로봇을 말한다.

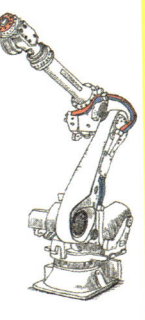

서비스 로봇은 다시 두 가지로 나뉜다.

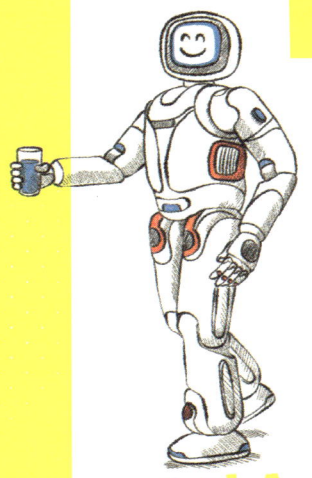

1. **개인용 로봇**은 주로 집에서 가정부, 가정 교사, 간호 역할 등을 하며 개인에게 편의를 제공하는 로봇이다.
2. **상업용 로봇**은 백화점, 은행, 식당 등 집 밖의 상업 공간에서 사람들에게 편의를 제공하는 로봇이다.

서비스 로봇 X 휴머노이드

휴머노이드, 안드로이드, 사이보그?

로봇을 가리키는 비슷한 말 같지만, 조금씩 다른 의미로 쓰인다.

1. 신체 구조와 움직임이 사람과 비슷한 로봇이라면 모두 **휴머노이드**라고 부른다.
2. 휴머노이드가 사람 수준의 인공지능까지 갖춘 것을 **안드로이드**라고 부른다. 아직 실제로 만들어지지 않았다.
3. 사람 또는 동물 등의 생명체에 기계 장치를 이식한 존재를 **사이보그**라고 부른다.

로봇 팔도 두 가지 종류로 나눌 수 있다.

1. **그리퍼 방식**은 로봇 손을 집게처럼 만드는 것을 말한다. 만들기는 쉽지만 단순한 일만 할 수 있다는 단점이 있다. 주로 산업용 로봇을 이 방식으로 만든다.
2. **덱스트러스 방식**은 로봇 손을 사람과 비슷하게 만드는 것을 말한다. 만들기도 어렵고 제어하기도 무척 까다롭다. 그립퍼 방식보다 훨씬 정교한 일을 할 수 있다. 휴보의 로봇 팔이 이 방식으로 만들어졌다.

7
로봇의 몸과 다리

"로로, 그러고 보니 네 몸을 먼저 찾아야 하는 거 아냐? 팔을 찾았는데 조립할 수가 없잖아."
지우가 로로에게 말했어요. 로로는 화들짝 놀랐어요.
"맞아, 나도 미처 생각하지 못했네. 내 몸 좀 찾아 줘!"
"어떻게 생겼는데?"
지우가 묻자 로로가 대답했어요.
"먼저 로봇의 몸에 대해 알아보는 게 좋겠지?"
로로가 빔을 쏘아 영상을 만들었어요. 가재와 고양이가 나타났어요.
"설마 가재형 로봇과 고양이형 로봇이야?"
"뭐, 비슷해."
로로의 말에 지우 눈이 휘둥그레졌어요.

"아하! 그럼 로봇도 뼈대가 밖에 있는 것과
안에 있는 것이 있다는 거지?"

"정확히는 갑각류형과 포유류형 로봇이라고 할 수 있지."
"그게 무슨 차이인데?"
"갑각류와 포유류의 가장 큰 차이를 떠올려 봐."
로로가 물었지만 지우는 얼른 생각나지 않았어요.
"갑각류는 몸을 지탱하는 뼈가 밖에 있어. 딱딱한 껍질처럼 보이는 게 사실 갑각류의 뼈인 셈이야. 반대로 포유류는 뼈가 안에 있고 부드러운 피부가 뼈를 덮고 있지."
"아하! 그럼 로봇도 뼈대가 밖에 있는 것과 안에 있는 것이 있다는 거지?"
"빙고!"
로로는 눈을 찡긋 감더니 더 자세히 설명해 주었어요.

〰️ 로봇은 몸을 지탱해 주는 뼈대가 어디에 있느냐에 따라 두 가지로 종류를 나눌 수 있어. 가재나 게, 새우 같은 갑각류처럼 뼈대가 밖에 있고 중요한 장치와 부품들이 안쪽에 있는 로봇들이 있는가 하면 사람, 개, 고양이 같은 포유류처럼 뼈대가 안에 있는 로봇들이 있지. 이런 로봇들을 가리키는 정식 이름이 아직 없어서, 갑각류형과 포유류형으로 나눠서 설명해 줄게.
갑각류형과 포유류형 로봇의 몸은 사용하는 구동 장치의 종류가 다르다는 것이 가장 큰 차이점이야.

전기 모터를 구동 장치로 사용하는 로봇은 튼튼한 뼈대가 **전기 모터와 같은 부품을 보호해야 하기 때문에 갑각류와 비슷한 구조를 이뤄.** 전기 모터는 가볍고 제어하기 쉽기 때문에 비교적 크기가 작은 서비스 로봇들에 이 구조가 적용돼.

전기가 아닌 기름의 압력으로 로봇의 각종 부위를 움직이게 하는 장치를 유압식 구동 장치라고 해. **포유류처럼 뼈대가 안에 있고, 근육 역할을 하는 유압식 구동 장치가 뼈대 주위에 결합하는 방식이지.**

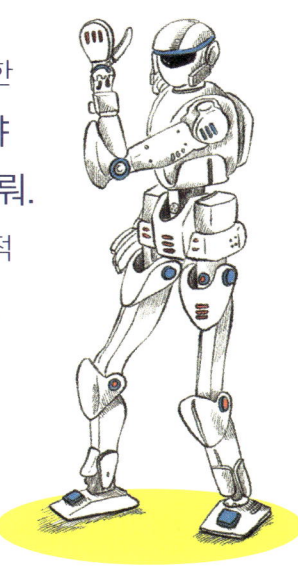

갑각류형 - HRP로봇

이런 로봇들은 전기 모터 방식보다 많은 부품이 필요하기 때문에 크기도 커질 수밖에 없고, 정교한 동작을 구현하기가 어려워. 대신 훨씬 큰 힘을 낼 수 있기 때문에 군사용 로봇에 많이 쓰여.

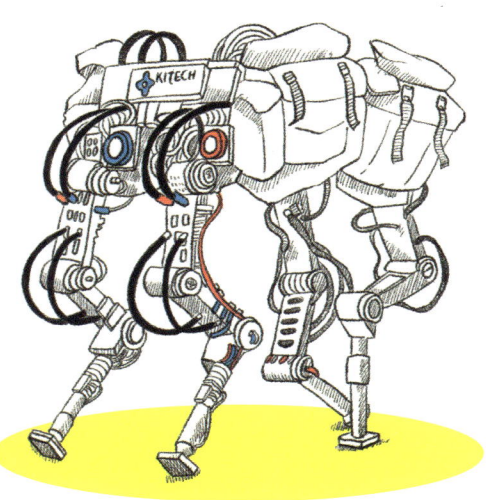

포유류형 - 네 발 짐꾼 로봇 진풍

"그렇구나. 그럼 로로, 네 몸은 어떤 형태야?"
지우가 물었어요. 로로는 갑각류형이라고 대답했어요.
잠시 뒤 지우는 잡동사니들 틈에서 로로의 몸을 찾아냈어요.
"좋아! 내 몸을 찾았으니 머리와 팔을 연결할 수 있겠다!"
지우는 로로가 알려 준 대로 몸에 머리와 팔을 조립했어요.
로로가 두 팔을 쭉 뻗으며 이렇게 말했어요.
"이얏호! 이제 내 두 다리만 찾으면 돼!"
"좋았어! 로로, 네 다리는 어떻게 생겼어?"
지우가 묻자 로로가 지우를 바라보았어요. 순간 지우는
로로가 무슨 말을 할지 눈치챘어요.
"먼저 로봇의 다리에 대해 알아보는 게 좋겠지?"
지우가 로로 목소리를 흉내 내자 로로가 킥킥 웃더니 설명을
시작했어요.

～〰～ 로봇을 두 발로 걷게 하려면, 로봇이 한 발로 서 있을 수 있는
기술이 개발되어야 해. 그래야 걸으려고 한 발을 들었을 때 쓰러지지
않고 연속 동작을 통해 앞으로 나갈 수 있겠지? 이런 기술을 '안정화
기술'이라고 한단다. 이 기술에서는 로봇의 몸과 지면의 상태를
파악하는 센서가 아주 중요한 역할을 해. 로봇의 무게 중심이
어느 쪽에 쏠려 있는지, 지면이 울퉁불퉁한지 평평한지 등을 아주
정밀하게 감지해야 쓰러지지 않을 수 있으니까.

두 발로 걷는 모든 로봇은 안정화 기술을 적용해 만들어졌어. 그런데 이 기술을 구현하는 방식을 두 가지로 나누어 발전시켰어. **로봇이 걸을 때 지면에 어떤 부위가 닿느냐에 따라 발바닥형과 발끝형으로 나누었단다.**

발바닥형은 말 그대로 로봇이 한 걸음씩 걸을 때 발바닥 전체가 바닥에 닿는 방식이야. 사람처럼 발바닥 전체를 이용하니까 안정적이고 개발하기도 상대적으로 쉬운 편이지. 전기 모터 방식의 구동 장치를 사용하는 로봇들이 주로 발바닥형 다리를 가지고 있단다. 일본의 아시모나 우리나라의 휴보 시리즈가 발바닥형 로봇에 속해.

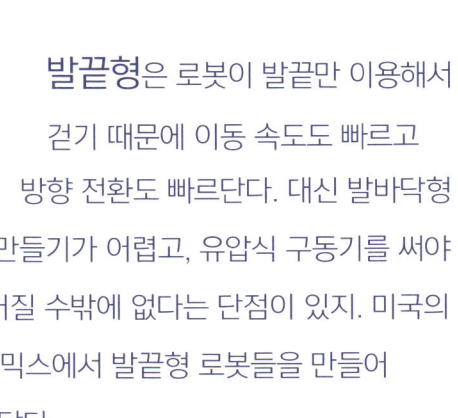

발끝형은 로봇이 발끝만 이용해서 걷기 때문에 이동 속도도 빠르고 방향 전환도 빠르단다. 대신 발바닥형보다 만들기가 어렵고, 유압식 구동기를 써야 해서 크기가 커질 수밖에 없다는 단점이 있지. 미국의 보스턴 다이내믹스에서 발끝형 로봇들을 만들어 선보이고 있단다.

몸과 다리에 관해 설명을 마친 로로가 이렇게 말했어요.
"참고로 나는 전기 모터 방식의 구동 장치를 사용하고 있어."
"그러면 로로 너는 발바닥으로 걷는 가재형 로봇이구나."
지우의 말에 로로는 난처한 목소리로 대답했어요.
"표현이 좀 이상한걸. 어쨌든 얼른 좀 찾아 줘."
지우는 잡동사니들 틈에서 로로의 몸과 다리를 찾아 연결해 주었어요.
"만세! 드디어 움직일 수 있어!"

로로는 신나게 춤을 추었어요.

8
로봇을 발전시킨 사람들

"어때? 로봇에 대해 알고 나니까 상상하는 게 얼마나 대단한 일인지 알겠지?"
로로가 지우에게 물었어요. 지우는 고개를 끄덕였어요.
"수천 년이 걸리긴 했지만, 여러 사람의 노력 끝에 로봇을 만들어 냈잖아. 정말 대단해."
지우가 말했어요.
"지우 네 말이 맞아. 로봇은 한 사람이 하루아침에 뚝딱 만든 게 아니야. 수많은 사람의 다양한 연구와 기술들이 합쳐졌지. 이렇게 로봇을 연구하고 발전시킨 유명한 사람들에 대해 알아볼까?"
로로가 말했어요.

로봇을 연구해서 탁월한 성과를 이룬 사람 중에는 어린 시절에 접한 과학 소설이나 영화에서 영감을 받은 사람들이 많아. 어렸을 때 상상만 했던 로봇을 만들려고 노력하다 보니 로봇 발전에 중대한 기여를 하게 된 거야. 실제로 연구를 하거나 로봇을 제작한 것은 아니지만 과학 소설을 쓰는 작가나 영화와 애니메이션을 만든 감독들도 간접적으로 로봇 발전에 기여를 했다고 볼 수 있지. 로봇 아시모도 애니메이션 주인공 '아톰'을 실제로 만들어 보자는 아이디어에서 출발했단다.

'아이작 아시모프'라는 작가는 '로봇 3원칙'을 만든 것으로 유명해. 아시모프가 쓴 과학 소설 『아이, 로봇』에 이 원칙이 나오는데 내용은 다음과 같아.

제1원칙 로봇은 인간에게 해를 입혀서는 안 된다. 위험에 처한 인간을 모른 척해서도 안 된다.

제2원칙 제1원칙에 위배되지 않는 한 로봇은 인간의 명령에 복종해야 한다.

제3원칙 제1원칙과 제2원칙에 위배되지 않는 한, 로봇은 자기 자신을 지켜야 한다.

"작가가 지어낸 소설 속에 등장한 것이지만 로봇을 연구하고 개발하는 사람들 사이에서는 기본 상식처럼 여겨지고 있단다. 아이작 아시모프는 로버트 하인라인, 아서 클라크와 더불어 과학 소설의 3대 거장으로 손꼽히는 사람이야. 과학 관련 책들을 500권 넘게 써서 수많은 사람에게 깊은 영감을 주었지."

"500권씩이나? 난 블로그에 몇 줄 쓰는 것도 어렵던데. 정말 대단하다!"

지우가 말했어요. 로로는 마치 자기가 칭찬받은 것처럼 자랑스러워했어요.

"조지프 엥겔버거 박사도 아이작 아시모프의 과학 소설에서 영감을 받아 로봇을 만들었다고 해."

"소설을 읽고 로봇을 만들었다고? 그 사람은 누구야?"

지우가 로로 앞으로 바짝 다가왔어요.

―∿― 산업용 로봇의 아버지라 불리는 조지프 엥겔버거는 아이작 아시모프 소설을 읽고 로봇을 만들어야겠다고 결심했대. 비행기 부품 엔지니어였던 엥겔버거는 발명가이자 엔지니어인 조지 데볼과 함께 세계 최초의 산업용 로보 '유니메이트'를 탄생시켰어(조지 데볼은 세계 최초의 자동문 '팬텀 도어맨'을 개발한 발명가야).

〰️ 유니메이트는 휴머노이드 로봇이 아니라 무게가 2톤 정도인 거대한 로봇 팔 형태의 기계였어. 명령 프로그램을 입력하면 아주 정확한 동작으로 무거운 물건을 들어 올리거나 내릴 수 있었지. 유니메이트는 용광로에서 나온 뜨거운 금속 부품을 운반하는 일처럼 사람이 하기 어려운 일을 척척 해냈어. 유니메이트 덕분에 엥겔버거는 세계적으로 유명한 사람이 되었단다. 특히 일본에서 엥겔버거를 자주 초청하여 조언을 들었는데, 그 덕분에 일본이 로봇 강국이 될 수 있었어.

뜨거운 금속 부품을 운반하는 일처럼
사람이 하기 어려운 일을 척척 해내요.

1980년대 이후 엥겔버거는 서비스 로봇에 주목해 병원에서 물건을 나르는 일을 도와 병원 관계자들의 시간을 절약해 주는 '헬프메이트'라는 로봇을 만들기도 했어. 엥겔버거는 사람들이 로봇을 저렴한 가격으로 살 수 있어야 한다는 사실을 강조했지. 아무리 멋진 로봇이라도 사람이 사서 사용할 수 없다면 아무 소용없다고 생각했어.
1997년부터는 로봇산업협회에서 로봇 산업 분야의 노벨상이라 불리는 '조지프 엥겔버거 로보틱스상'을 만들어 수여하고 있어. 우리나라에서는 카이스트의 변증남 박사님이 로봇 연구 공로를 인정받아 2003년에 이 상을 받았단다.

"엥겔버거 박사님이 우리나라에도 온 적이 있어?"
지우가 물었어요.
"물론이지. 변증남 박사님의 초청으로 2003년에 한국에 왔단다. 가정부와 개인 비서 역할을 하는 로봇이 사람들의 삶을 바꿀 거라고 예측했어."
로로가 말했어요. 지우가 곰곰 생각해 보니 엥겔버거 박사의 말이 정말 실현되고 있는 것 같았어요. 인공지능 스피커와 로봇 청소기가 많이 쓰이고 있으니까요.
"그런데 로로, 로봇 청소기는 누가 처음 만들었어?"
"2001년에 스웨덴의 전자제품 회사 일렉트로룩스에서 세계 최초로 로봇 청소기 트릴로바이트를 세상에 내놓았어."

로로가 말했어요.

"내가 태어나기도 전에 만들어졌네?"

"그렇지. 하지만 가격이 200~300만 원이라서 너무 비싸고 성능도 좋지 않아서 인기가 없었단다. 그다음 해에 미국의 아이로봇에서 출시한 룸바라는 로봇 청소기는 가격이 트릴로바이트의 10분의 1 수준으로 매우 저렴하고 성능도 뛰어나서 엄청난 인기를 끌었단다."

로로의 말에 지우 눈이 동그랗게 커졌어요.

"룸바를 만든 사람은 누구야?"

"로드니 브룩스! 로봇 이야기할 때 브룩스를 빼놓을 수 없지!"

로로가 신이 나서 말했어요.

―⋀⋀― 1954년 호주에서 태어난 로드니 브룩스는 12살 때 처음 로봇을 만들었어. 미국으로 건너가 스탠퍼드대학교에서 컴퓨터를 공부한 뒤 매사추세츠공과대학교의 교수가 되었지. 브룩스는 뛰어난 제자들과 함께 아이로봇이라는 로봇 제조 회사를 만들었고, 이곳에서 선보인 것이 '룸바'라는 로봇 청소기야. 전 세계에서 사용되는 로봇 청소기의 70%가 룸바일 정도로 많이 팔렸단다. 룸바를 쓰는 사람은 1년에 평균 100시간 정도를 아낄 수 있다는 통계 결과도 나왔어.

브룩스는 인공지능과 로봇에 대해 다른 연구자들과 매우 다른 관점을 가진 것으로 유명해. 대부분의 연구자들은 로봇을 만들 때 사람의 뇌에 해당하는 중앙 제어 장치가 필요하다고 생각하는데, 브룩스는 그런 장치가 필요 없다고 생각해. 대신 로봇의 각 부위에 달린 센서를 통해 모은 정보들을 가지고 로봇을 움직이고 반응하게 할 수 있다고 주장하지. 이런 주장에 대한 근거로 브룩스는 '겐지스'라는 다리가 여섯 개 달린 곤충 모양의 로봇을 개발해서 선보였어.

겐지스는 제어 장치가 없지만, 다리에 달린 촉각 센서들로 움직일 수 있지. 이 기술은 화성에 처음으로 도착한 탐사선 '소저너'에 적용되어 더욱 유명해졌어. 브룩스의 독특한 이론은 로봇 연구자들에게 색다른 방식으로 생각해 볼 기회를 줬어. 그 덕분에 인공지능 로봇 연구가 훨씬 풍부해지고 깊어졌다고 할 수 있지. 브룩스는 지금도 왕성하게 활동하고 있으니 앞으로 또 어떤 로봇을 탄생시킬지 기대해도 좋아.

이야기를 다 듣고 난 지우의 눈이 반짝반짝 빛났어요.
지우는 책상 앞에 앉아 블로그에 글을 쓰기 시작했어요.

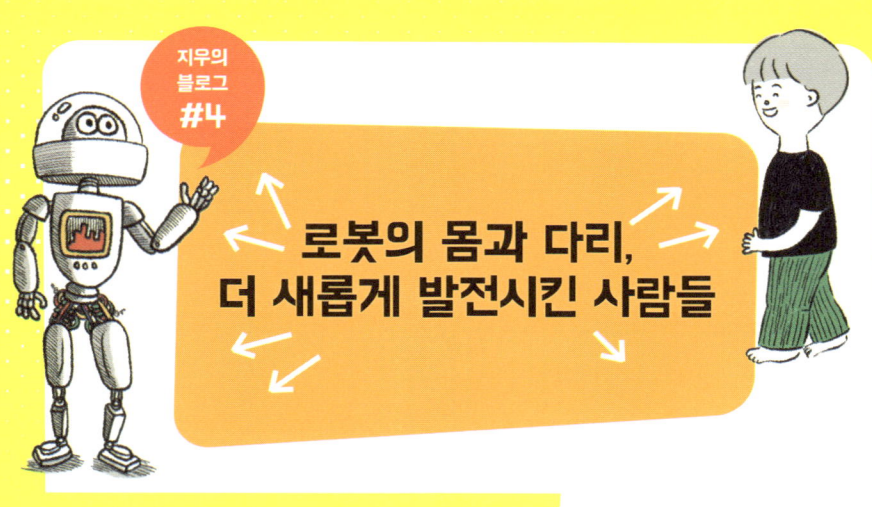

지우의 블로그 #4

로봇의 몸과 다리, 더 새롭게 발전시킨 사람들

로봇의 몸은 크게 두 가지로 나뉜다.

1. 뼈대가 몸 밖에 있고 중요한 부품이 뼈대 안에 들어 있는 형태를 갑각류형이라고 부른다. 주로 전기 모터 방식의 구동 장치를 사용하는 로봇이 갑각류형이다. 비교적 가볍고 제어하기 쉽다.
2. 뼈대가 몸 안에 있고, 뼈대를 중심으로 근육처럼 구동 장치가 붙어 있는 형태를 포유류형이라고 부른다. 유압식 구동 장치를 사용하는 로봇의 몸이 포유류형인 경우가 많다. 덩치가 크고 무거우며 제어하기 어렵다.

두 발로 걷는 로봇의 다리도 크게 두 가지로 나뉜다.

1. 발바닥 전체를 사용해 이동하는 로봇 다리를 발바닥형 다리라고 부른다. 안정적이고 개발하기도 쉽다. 전기 모터 방식의 구동 장치를 사용하는 로봇들이 주로 발바닥형 다리를 가지고 있다.
2. 발끝으로만 이동하도록 설계된 로봇 다리를 발끝형 다리라고 부른다. 이동 속도도 빠르고 방향 전환도 빠르지만 만들기가 쉽지 않고 크기가 커진다는 단점이 있다.

로봇의 발전에 공헌한 사람들은 다음과 같다.

아이작 아시모프(1920~1992)
러시아에서 태어나 미국에서 활동한 과학 소설 작가이다. 컬럼비아대학교에서 화학을 공부했고 보스턴대학교에서 교수로 일했다. 단편 소설에서 제시한 '로봇 3원칙'은 수많은 창작자와 연구자에게 영감을 주었다. 500여 권이 넘는 책을 쓰는 등 왕성한 활동을 했다.

조지프 엥겔버거(1925~2015)
산업용 로봇의 아버지라 불리는 미국의 과학자이자 로봇 공학자이다. 발명가 데볼과 함께 세계 최초의 산업용 로봇 '유니메이트'를 개발해 선보였다. 로봇과 관련된 다양한 책을 발표했고 로봇산업협회를 창설했다. 로봇 연구에 탁월한 성과를 낸 사람에게 엥겔버거상을 수여하고 있다.

로드니 브룩스(1952~)
호주 출신의 로봇 공학자이다. 매사추세츠공과대학교 시절에 제자였던 사람들과 로봇 제조 회사 아이로봇을 만들어 가정용 로봇 청소기 룸바를 출시했다. 로봇에 중앙 제어 장치가 필요 없다는 남다른 이론을 가지고 있다. 첫 화성 탐사선 소저너에 그의 이론이 적용되어 더욱 유명해졌다.

2부

인공지능

지금 할 일은
인공지능 시대에 사라지지 않을 직업을
찾는 게 아니야. 내가 좋아하는 일이 무엇인지
찾는 게 먼저이고, 인공지능 기술과 함께
어떻게 변화할지 예측하고 공부하는 게
두 번째 일이지. 어떤 직업이 사라지고
어떤 직업이 인기를 얻을 것인지가 중요한 게
아니란다.

– 〈인공지능이 만들어 갈 미래〉 중에서

1
인공지능이 뭘까?

"나 인공지능이 뭔지 알 것 같아!"
지우가 말했어요. 로로는 팔짱을 끼고 지우의 다음 말을 기다렸어요.
"음, 그러니까…… 인공지능은 엄청 똑똑하고 뛰어난 기계에 있는 거야. 사람 말도 알아듣고, 일일이 시키지 않아도 알아서 일도 잘하는 그런 거?"
지우는 막상 말로 정리하려니까 쉽지 않았어요.
"인공지능은 사람이 만든 지능이라는 뜻이지."
"지능을 어떻게 만들 수 있어? 엄청 어려운 일 아냐?"
지우가 새삼 감탄하며 되물었어요.

"맞아. 사람을 생각해 봐. 한 아이가 세상에 태어나 수많은 것들을 보고 듣고 배워 어른의 지능을 갖추기까지 수십 년이 걸리잖아?"
맞는 말이었어요. 어린이는 뭐든 열심히 보고 듣고 배워야 한다는 말은 지우네 담임 선생님이 자주 하시는 이야기예요.
"아주 옛날부터 사람들은 로봇이 사람처럼 지능을 갖고 알아서 일해 주면 얼마나 좋을까 하고 상상했어. 처음에는 상상일 뿐이었지만, 오랜 시간에 걸친 연구 결과가 쌓이면서 점점 더 뛰어난 인공지능을 만들 수 있게 됐지."
"상상하면 결국 이루어진다. 인공지능도 마찬가지구나!"
지우가 폴짝 뛰면서 말했어요.
"그렇지! 바로 그거야."
로로도 지우처럼 폴짝 뛰었어요. 그리고 인공지능에 대해 더 자세히 설명하기 시작했어요.

～～ 인공지능이란 컴퓨터가 사람처럼 생각하고 판단할 수 있도록 만드는 기술이야. 사람이 생각하고 행동할 때, 보통 이런 과정을 거쳐. 어떤 현상을 '인식'하고, 인식한 현상에 대해 '판단'을 내린 다음 판단한 사실을 가지고 어떤 행동을 해야 할지 '추론'하는 과정을 거쳐서 마지막으로 '결론'을 내리지.

이처럼 사람이 생각하고 행동하는 능력을 기계가 가지도록 연구하는 것을 인공지능 기술이라고 해.

예를 들어 사람이 인공지능 로봇에게 "오늘 날씨가 어때?"라고 묻는 순간 로봇 안에서 이런 일이 일어날 거야.

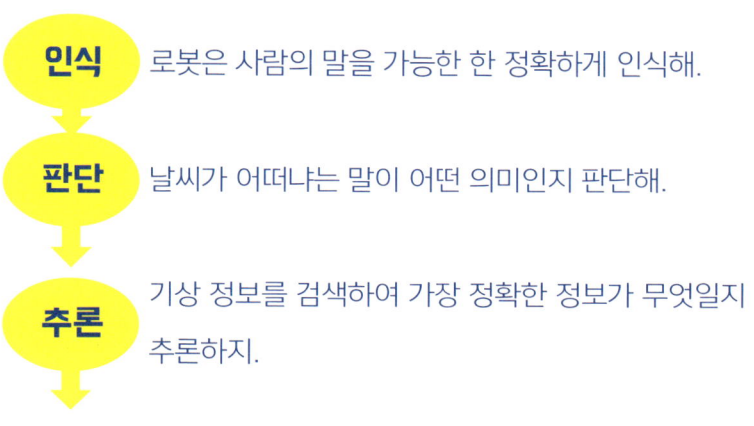

인식 로봇은 사람의 말을 가능한 한 정확하게 인식해.

판단 날씨가 어떠냐는 말이 어떤 의미인지 판단해.

추론 기상 정보를 검색하여 가장 정확한 정보가 무엇일지 추론하지.

결론 추론한 결과를 가지고 정보를 찾아 듣는 사람의 언어로 바꿔 전달해 줘.

인공지능을 만든다는 말은 이와 같은 일을 기계가 빠르고 정확하게 해낼 수 있도록 연구하는 일을 뜻해.

"오늘 날씨가 어때?"

"우아! 멋지다! 인공지능 로봇을 구경하려면 어디로 가야 해?"

"인공지능은 사실 지우 네 주위에도 많이 있어."

"그러고 보니까 인공지능 스피커가 있었지?"

"맞아. 스피커 말고도 인공지능은 이미 우리 일상 속에 깊숙이 들어와 있어."

로로가 계속해서 설명했어요.

〰️ 하루에 수십 번도 넘게 사용하는 인터넷 검색 엔진에도 인공지능 기술이 적용되어 있어. 스마트폰 얼굴 인식 기능과 음성 도우미, 외국어를 우리말로 바꾸어 주는 통역기나 번역기에도 인공지능 기술이 들어가 있어. 유튜브와 같은 콘텐츠 서비스가 자동으로 볼 만한 영상을 추천해 주는 것도 인공지능 기술을 기반으로 한 거야. 또 요즘은 구글 어시스턴트 같은 인터넷 비서 서비스도 많은 사람이 사용하는데, 이것도 인공지능 기술을 이용한 거야.

"유명한 인공지능은 어떤 것들이 있어?"

지우가 묻자 로로가 계속해서 설명했어요.

2
유명한 인공지능

"몇 해 전, 유명한 전 프로 바둑기사 이세돌 9단을 이긴 인공지능이 있었어."
"알파고!"
"그래, 맞아. 인공지능 알파고가 사람을 상대로 바둑 경기를 완승해서 전 세계 사람들이 놀랐지. 이렇듯 인공지능 기술은 본격적으로 연구된 지 채 100년이 되지 않은 짧은 시간 사이에 눈부시게 발전해 사람들을 충격에 빠트렸단다."

〰️ 알파고는 구글 소속의 딥마인드라는 회사에서 개발한 인공지능이야. 알파고가 대단한 이유는 두 가지야.
우주 전체의 원자 개수보다 많은, 거의 무한에 가까운 경우의 수를 가진 바둑 경기에서 인간을 이겼다는 점.

그리고 바둑의 원리에 대해 사람이 전혀 알려 주지 않은 채, 알파고가 스스로 경기 규칙을 공부해 승리하는 법을 깨우쳤다는 점이야. 알파고를 통해 사람 없이도 기계 스스로 학습해 인간을 능가하는 지능을 가질 수 있는 시대가 열린 셈이지.

체스 게임은 바둑보다 훨씬 더 빨리 인공지능에 정복되었어. 미국의 컴퓨터 회사 IBM에서 만든 인공지능 '딥블루'가 바로 그 주인공이야. 딥블루는 역사상 최초로 체스 게임에서 인간을 이긴 인공지능이지. 1997년 세계 체스 챔피언인 러시아 출신의 가리 카스파로프에게 승리했어. 체스판은 바둑판보다 빈 곳이 적고 말의 움직임이 제한적이기 때문에 경우의 수가 훨씬 적어. 딥블루는 한 수를 둘 때마다 가능한 모든 경우의 수를 계산해서 이길 확률이 높은 수를 결정하는 방식으로 게임을 했다고 해.

딥블루로 체스를 정복한 IBM은 미국의 인기 퀴즈 프로그램인 〈제퍼디 쇼〉에 참가시킬 인공지능을 개발했어. '왓슨'이라는 이름을 가진 이 인공지능은 2011년에 퀴즈쇼에 참가해 경쟁자들을 제치고 상금 100만 달러를 차지했지. 제퍼디 쇼는 진행자가 질문하면 답을 찾는 방식을 뒤집은 퀴즈쇼야. 진행자가 정답을 알려 주면 그 정답에 알맞은 질문이 무엇인지 맞혀야 해. 왓슨은 퀴즈의 의미를 해석하여 많은 양의 정보에서 빠르게 답을 찾는 능력을 갖췄지.
그 뒤 왓슨은 지금까지 발전을 거듭하여 백화점, 호텔, 병원, 연구소 등 여러 분야서 다양한 역할을 하고 있어.

알파고, 딥블루, 왓슨처럼 처음부터 인공지능이 이렇게 놀라운 능력이 있었던 건 아니야. 세계 최초의 인공지능이라 할 수 있는 '일라이자'는 1960년대에 미국 매사추세츠공과대학교의 요제프 바이젠바움이라는 교수가 개발해 세상에 내놓았지. 일라이자는 정신과 의사 역할을 하며 사람들과 간단한 대화를 할 수 있었어. 의사 말투를 흉내 내며 몇 가지 대화 규칙을 반복하는 정도였는데, 현대 관점으로 보면 아주 초보적인 수준이었지. 하지만 사람과 대화하는 인공지능을 처음 본 사람들은 엄청나게 놀라워했고 '일라이자 효과'라는 말까지 만들어 냈어.

일라이자 효과란 인공지능이 사람을 흉내 내는 모습을 보고 마치 진짜 사람인 것처럼 느끼는 작용을 말해. 장난감 로봇을 보고 마치 진짜 반려견인 것처럼 느낀다든지, 알파고가 마치 매우 뛰어난 진짜 프로 바둑기사인 것처럼 느끼는 것도 일종의 일라이자 효과라고 할 수 있지.

로로의 설명을 다 들은 지우는 새삼 놀라웠어요.
그동안 인공지능은 사람과 대화를 하는 컴퓨터 프로그램 정도라고 생각했는데 그게 아니었거든요.
"블로그에 로봇에 관해서만 쓰려고 했는데, 인공지능에 대해서도 써야겠어. 인공지능 이야기 더 들려줄 수 있지?"
지우가 묻자 로로는 "물론이지!" 하고 눈을 찡긋 감았어요.

지우의 블로그 #5

인공지능이 우리 생활 속에 이렇게나 쓰이고 있다고?

인공지능은 간단히 말해서 컴퓨터 또는 기계에 생각할 수 있는 능력을 만들어 주는 기술이다.

사람의 생각은 다음과 같은 4단계로 진행된다.

인식 ➡ 판단 ➡ 추론 ➡ 결론 ➡

인공지능 개발자들은 기계가 위와 같은 4단계 과정을 빠르고 정확하게 해낼 수 있도록 연구한다.

우리 일상 속에는 인공지능이 알게 모르게 많이 사용되고 있다.

인공지능 스피커, 스마트폰 음성 비서, 통·번역기, 자율 주행차, 유튜브의 영상 추천 서비스 등 다양한 분야에서 인공지능 기술이 활용되고 있다.

세계 최초의 인공지능 대화 프로그램인 '일라이자'는 미국의 요제프 바이젠바움이라는 대학교수가 만들었다. 현재 기준으로 보면 일라이자는 정신과 의사 말투를 흉내 낸 간단한 프로그램일 뿐인데 당시 사람들은 무척 놀라워했다고 한다.

미국의 컴퓨터 회사 IBM이 1997년에 출시한 인공지능 '딥블루'는 역사상 최초로 체스 챔피언에게 승리했다. 한 수를 둘 때마다 순간적으로 가능한 모든 경우의 수를 계산해서 승률이 가장 높은 수를 두는 방식이었다. 체스는 바둑보다 경우의 수가 훨씬 적기 때문에 가능한 인공지능 기술이었다.

IBM이 만든 또 다른 인공지능 왓슨은 2011년 퀴즈쇼에 참가해 100만 달러 상금을 차지했다. 답을 듣고 질문을 구성해 맞혀야 하는 독특한 퀴즈를 풀기 위해 사람 말의 의미를 해석하고 빠르게 정보를 검색하여 가장 정확한 답을 찾는 기술을 가지고 있었다. 왓슨은 현재까지도 계속 발전되어 여러 기업에서 다양하게 활용되고 있다.

인공지능 중 가장 유명한 것은 알파고이다. 알파고는 구글 소속의 인공지능 기술 연구 회사인 딥마인드에서 개발했다. 스스로 학습하는 방식으로 바둑을 배운 알파고는 2016년 열린 전 바둑기사 이세돌 9단과의 경기에서 승리했다. 사람의 개입 없이 인공지능이 스스로 경기를 분석하여 지능을 만들었다는 점이 대단하다.

3
약한 인공지능과 강한 인공지능

블로그에 글을 정리해 놓고 나니까 지우는 문득 궁금한 게 생겼어요.

"로로, 인공지능끼리 대결하면 뭐가 가장 강할까?"

로로가 말했어요. 지우가 여전히 알쏭달쏭한 표정을 짓자 로로가 되물었어요.

"너 혹시 인공지능이 로봇처럼 생겼다고 생각한 건 아니지?"
"그럼 어떻게 생겼는데?"
"우리가 본 알파고나 왓슨 같은 인공지능의 실제 모습은 이렇게 커다란 컴퓨터들이 여러 대 모여 있는 것과 같아. 그러니까 대결해서 누가 힘이 더 센지 알 수는 없어."

로로가 계속해서 설명했어요.

〰️ 게다가 인공지능 분야가 각각 다르기 때문에 대결 자체를 할 수 없어. 알파고는 바둑을 잘 두지만, 퀴즈를 맞히거나 체스 게임을 할 수 없지. 이렇게 **사람의 능력 중 일부를 해낼 수 있는 인공지능을 '약한 인공지능'이라고 불러.** 스마트폰 음성 비서, 인공지능 스피커, 자율 주행차 등 지금까지 인류가 만든 모든 인공지능은 특정 분야에 뛰어난 한 가지 능력을 갖춘 약한 인공지능이라고 볼 수 있지.

강한 인공지능은 약한 인공지능과 반대되는 개념이야. **사람이 할 수 있는 일은 모두 따라 할 수 있는 능력을 갖춘 인공지능을 강한 인공지능이라고 불러.** 사람의 명령이 없어도 스스로 생각하고 판단하여 일을 할 수 있는 인공지능이야. 학자들은 인공지능 연구를 위해 '초인공지능'이라는 개념도 만들었어. 인간보다 1,000배 이상 지능이 높은 인공지능을 말해. 인간의 명령 없이도 생각하는 것은 물론이고, 사람과 비슷한 욕구를 갖고 있어서 끊임없이 발전한다는 것이 특징이야.
강한 인공지능과 초인공지능은 아직 만들어지지 않았어.
30~50년 이내에 초인공지능이 탄생해서 인류가 직면한 여러 문제를 효율적으로 해결하리라 전망하는 사람들이 있어. 질병, 환경, 전쟁과 가난 등 수천 년 동안 인류가 극복하지 못한 문제들을 초인공지능의 도움으로 풀 수 있다고 생각하지.

그런가 하면 초인공지능이 탄생하는 순간, 인류 문명은 멸망할 것이라고 보는 사람들도 있단다. 과연 초인공지능이 인간을 지구에 유익한 존재로 인식할 것인지, 해충처럼 박멸해야 할 대상으로 볼 것인지 알 수 없다는 거야.

로로의 설명을 쭉 들은 지우가 이렇게 말했어요.
"아하! 그러니까 사람들은 약한 인공지능, 강한 인공지능, 초인공지능 순서대로 연구해 온 거구나."
"무슨 게임 캐릭터가 성장하는 것처럼 얘기하는구나."
"그래? 내 생각이 틀렸어?"
지우가 로로에게 물었어요.
"인공지능을 본격적으로 연구하기 시작한 1950년대 사람들은 처음부터 강한 인공지능을 만들려고 했어.
사람과 거의 비슷한 지능을 갖고 시키는 일은 뭐든 척척 해낼 수 있는 인공지능을 금세 만들어 낼 수 있을 거라 믿었지."
로로가 말했어요. 지우는 눈이 동그랗게 커졌어요.
"와, 정말? 그런데 어떻게 됐어?"
"인공지능 연구는 성장과 침체를 반복하면서 서서히 발전했어. 한번 들어 볼래?"
지우의 물음에 로로가 대답했어요.
"응! 좋아!"
로로가 이야기를 시작했어요.

4
인공지능의 역사

"인공지능을 처음 생각해 낸 사람은 누구일까?"

로로가 지우에게 물었어요.

"로봇이라는 말을 쓴 처음 사람이 작가라고 했으니까……. 인공지능도 작가가 만들어 낸 것 아냐?"

지우의 말에 로로가 고개를 저었어요.

"로봇이라는 말이 나오기 전부터 사람들은 로봇과 비슷한 개념을 상상했다는 사실, 벌써 잊었어?"

로로가 말하자 지우의 눈이 반짝 터졌어요.

"아하! 인공지능도 사람들이 개념을 먼저 상상한 거구나. 인공지능이란 말은 그다음에 나왔고."

"천재! 그럼 그 개념을 상상한 사람은 누구일까?"

로로가 물었어요.

"그건 모르지. 네가 말해 줘."
"천재란 말 취소!"
로로가 계속해서 설명했어요.

〰️ 인공지능이라는 개념을 처음 생각해 낸 사람은 영국의 수학자 앨런 튜링이야. 튜링은 1936년에 A-머신이라는 가상의 기계를 구상했어. 아무리 복잡하고 어려운 과제라도 한 동작씩 잘게 쪼개어 명령을 내리면 기계가 해낼 수 있다고 생각했단다. 튜링은 인간의 지능이라는 것도 작은 단위로 나눌 수 있고, 언젠가 기계가 인간과 비슷한 지능을 가질 수 있을 거라고 믿었지. 이 기계는 튜링이 세상을 떠난 뒤, 그의 업적을 기리기 위해 '튜링 머신'이라고 불리게 됐어.

"우아! 멋지다! 그 당시에 어떻게 이런 멋진 기계를 만들었을까?"
지우의 물음에 로로는 고개를 저었어요.
"정확히 말하면 튜링 머신은 후대의 연구자들이 튜링이 남긴 설계도와 글을 보고 만든 거야. 튜링은 이 기계의 설계도를 만들었어. 앨런 튜링은 인공지능의 밑바탕이 되는 개념을 창시했다고 볼 수 있지."

인공지능이라는 용어는 1956년 미국에서 열린 '다트머스 학술대회'에서 처음 쓰였어. 존 매카시, 마빈 민스키 등의 유명한 인공지능 관련 연구자들이 다트머스대학교에 모여 자신들의 연구 결과를 발표하는 자리였지. 열 명 남짓한 사람들이 모인 조촐한 학술대회였지만 역사적으로 아주 중요한 이야기들이 오갔단다. 여기에 모인 연구자들은 인공지능이란 무엇이고, 앞으로 어떤 인공지능을 개발해야 하는지 토론했어.

다트머스 학술대회가 끝난 뒤, 여러 대학교에 인공지능 연구소가 세워졌어. 그때만 해도 20~30년 이내에 사람과 비슷한 수준의 인공지능을 만들어 낼 수 있을 거라고 믿었지. 그러니까 사람들이 강한 인공지능을 금세 만들어 낼 수 있을 거라고 아주 낙관적으로 미래를 바라봤던 거야. 1966년에 컴퓨터와 대화할 수 있는 최초의 프로그램 '엘리자'가 나오는 등, 인공지능에 대한 기대치도 무척 높아졌지. 하지만 사람들이 기대했던 것만큼 기술 발전 속도가 따라 주지 못했어. 게다가 세계 경제 상황이 나빠져서 관심 밖으로 밀려나게 됐지.

연구자들은 강한 인공지능을 만들어 내기가 무척 어렵다는 걸 깨달았어. 그래서 특정 분야의 일을 할 수 있는 약한 인공지능을 개발하는 쪽으로 눈을 돌리기 시작했지.
1970년대에 '전문가 시스템'이 등장하면서 인공지능에 대한 관심이

다시 커지기 시작했어. 전문가 시스템이란 특정 분야에 대해 전문 지식을 갖춘 인공지능 프로그램이야. 특정 분야에서만큼은 높은 수준의 지능을 갖추어 사람의 일을 도울 수 있도록 설계됐지. 예를 들면 약에 관련된 지식을 컴퓨터에 정리하여 넣어 둔 뒤, 사람이 컴퓨터에 증상을 입력하면 그에 알맞은 약이 무엇인지 알려 줘.

에드워드 파이겐바움이라는 학자가 1971년 세계 최초로 선보인 전문가 시스템 '덴드랄(Dendral)'은 화학 분자와 관련된 많은 지식을 갖춘 인공지능이야. 사람이 전부 다 외울 수 없는 화학 관련 지식을 갖추고 있어서 화학자들에게 꽤 유용한 도구로 사용되었다고 해. 그 밖에도 의사의 역할을 도와 증상을 듣고 질병을 판단한 마이신(Mycin), 광물 탐사를 도와주는 프로스펙터(Prospector)라는 인공지능도 큰 화제가 됐어.

의사의 진단과 처방을 돕는 마이신

"당시 어떤 회사가 프로스펙터를 이용해서 100만 달러 이상의 가치를 가진 광물을 찾아내기도 했단다."
로로가 말했어요. 지우는 눈이 동그랗게 커졌어요.
"그럼, 사람들이 다시 인공지능을 열심히 연구했겠네?"
지우가 로로에게 되물었어요. 로로는 고개를 끄덕였어요.
"맞아. 하지만 강한 인공지능이 아니라 약한 인공지능 쪽으로 눈을 돌리기 시작했어."

1980년대에 세계적으로 경제가 되살아나면서 인공지능에 대한 연구가 활기를 띠었어. 미국과 일본은 인공지능 연구에 경쟁적으로 뛰어들어 10년 넘게 엄청난 비용을 투자했지. 그런데도 이렇다 할 성과를 내지 못한 채 연구가 마무리되었고 사람들의 관심도 사라져 버렸지. 또다시 찾아온 경제 불황 때문에 1990년대에 들어서면서 인공지능에 대한 관심도 시들해졌어.
이즈음 사람들은 강한 인공지능을 만들 수 있는가에 대해 의문을 품기 시작했어. 이와 관련해서 '모라벡의 역설'이라는 말은 인공지능과 컴퓨터의 한계를 나타내는 용어로 유명해. 이 용어는 한스 모라벡이라는 미국의 과학자가 한 말이야. 인간에게는 쉬운 일이 컴퓨터(인공지능)에는 어렵고, 컴퓨터가 하기 쉬운 일은 인간에게 어렵다는 뜻이야.
수많은 비슷한 사진들 속에서 친구나 가족의 사진을 찾는 일은 사람에게는 쉽지만, 컴퓨터가 하기에는 몹시 어려워.

반대로 컴퓨터는 복잡한 숫자 계산을 쉽게 해낼 수 있지만, 인간은 어려워하지. 이런 연구와 논의가 오가면서 사람들은 강한 인공지능을 금세 만들어 낼 수 있을 것이라는 기대를 접었어. 그리고 약한 인공지능부터 차근차근 발전해 나가는 쪽으로 전반적인 연구 방향이 바뀌었단다.

2000년대에 들어서면서 컴퓨터와 인터넷이 급격하게 발전했어. 특히 빅데이터(Big Data)는 인공지능을 발전시키는 데 매우 중요한 요소로 작용했지. **빅데이터란 어마어마하게 많은 정보 속에서 규칙과 의미, 가치를 발견하는 기술을 뜻해.** 과거에는 인공지능을 개발하기 위한 정보와 자료들을 사람들이 손수 찾고 정리해야 했어. 그래서 시간도 오래 걸리고 틀릴 가능성도 높았지. 하지만 컴퓨터와 빅데이터 기술 덕분에 방대한 자료를 효율적으로 활용할 수 있게 됐어.
이제는 인공지능을 개발할 때 사람이 달라붙을 필요가 없어졌어. 인공지능이 스스로 데이터를 분석하고 규칙을 찾아 지능을 높일 수 있게 됐거든. 사람의 손이 필요 없어서 엄청나게 빠른 속도로 발전할 수 있었지. 이런 기술을 '딥러닝(Deep Learning)'이라고 불러. 앞에서 말한 알파고가 바로 이 딥러닝 기술로 탄생한 인공지능이란다.

5
인공지능을 발전시킨 인물들

지우는 블로그에 올릴 글을 열심히 쓰고 있었어요. 지우 방을 여기저기 구경하던 로로가 큰 소리로 말했어요.

"깜짝이야! 얘는 누구야?"

로로가 지우의 장난감 로봇을 보고 깜짝 놀란 모양이었어요. 그 로봇은 지우가 1년 넘게 용돈을 조금씩 모아서 산 슈퍼 로봇이었어요.

"그거 보고 놀란 거야? 만화에 나오는 유명한 캐릭터 로봇이야."

지우가 빙긋 웃으며 말하자 로로가 슈퍼 로봇의 몸을 구석구석 살펴봤어요.

"여기 이 마크는 뭐지?"

로로가 가리킨 것은 슈퍼 로봇의 발바닥이었어요.

"글쎄, 나도 잘 모르겠는데. 네가 한번 검색해 봐."
지우의 말에 로로가 로봇 발을 스캔했어요.
"이건 국가통합인증 마크라는 건데 이 마크가 있으면
이 장난감이 아이들이 가지고 놀기에 안전하다는 뜻이래.
13살 이하 어린이들이 쓰는 책이나 문구, 장난감은 반드시
국가 기관으로부터 인증을 받아야 한다네."
로로가 검색 결과를 요약하여 지우에게 말해 줬어요. 그때
문득 지우는 궁금한 게 생겼어요.
"그런데 말이야, 로로. 인공지능 로봇도 이런 마크 같은
인증을 받아야 해?"
지우가 물었어요.
"아니. 인공지능 로봇은 어린이들이 가지고 노는 장난감이

아니잖아."
"그럼 로봇에게 인공지능이 있는지 없는지는 누가 판단하는 거야?"
지우가 다시 물었어요.
"그런 거라면 앨런 튜링이 제안한 테스트가 있지."
로로가 설명을 시작했어요.

〰️ 앨런 튜링이 고안한 '튜링 테스트'라는 것은 기계가 지능이 있는지 없는지 알아볼 수 있는 실험이야. 먼저 이 테스트를 받을 기계와 사람이 대화를 나눠. 물론 상대를 볼 수 없도록 가리고, 문장 또는 음성만으로 대화를 주고받는 거지. 그리고 그 대화 내용을 심사위원이 관찰하는 거야. 주고받는 대화 내용이 자연스러워서 심사위원이 어느 쪽이 기계고 어느 쪽이 사람인지 구분할 수 없다면 기계에 인공지능이 있다고 보는 실험이 바로 튜링 테스트야.

"그런데 로로, 이 테스트를 통과한 인공지능이 있어?"
"영국의 레딩대학교에서 만든 '유진'이라는 인공지능이 있는데, 2014년에 튜링 테스트를 통과했지. 전체 심사위원의 3분의 1 이상이 사람이라고 판단하면 테스트를 통과하는데, 유진은 25명의 심사위원 중 9명이 진짜 사람이라고 생각한 거야. 유진은 인류가 만든 인공지능 중 최초로 튜링 테스트를 통과했어."

주고받는 대화 내용이 자연스러워서
심사위원이 어느 쪽이 기계고 어느 쪽이
사람인지 구분할 수 없다면 기계에
인공지능이 있다고 보는 실험이 바로
튜링 테스트야.

로로가 말했어요. 지우는 벌써 그런 인공지능이 탄생했다는 것이 놀랍고 대단했어요.

"유진은 13살 어린이로 설정되어 있었는데, 곤란한 질문에는 대답하지 않고 어물쩍 넘어가는 등 약간의 허점이 있다는 비판도 있었단다. 어쨌든 인공지능은커녕 컴퓨터도 걸음마 단계였던 1950년에 이런 실험을 생각해 냈다니 정말 대단하지?"

"응, 정말 대단해!"

지우가 큰 소리로 말했어요.

"튜링 테스트의 허점에 대해 본격적으로 비판한 학자가 있어."

"그래? 그게 누군데?"

로로가 계속해서 설명했어요.

⟿ 존 설이라는 미국의 심리철학자가 '중국어 방 실험'이라는 이론으로 튜링 테스트와 인공지능의 한계를 날카롭게 지적했단다. 존 설은 인공지능을 다음과 같은 가상 상황에 빗대어 설명했어. 어떤 사람이 방 안에 있다고 가정해 보자. 이 사람은 중국어를 다른 언어로 번역하는 일을 해야 하는데, 중국어를 전혀 몰라. 대신 밖에 있는 사람이 이 사람에게 중국어를 다른 언어로 바꾸는 규칙을 알려 주고 있지. 방 안의 사람이 그 규칙에 맞춰 번역 작업을 한다고 해도, 중국어를 안다고 할 수 없어.

이처럼 기계도 인간이 시킨 일을 완벽히 잘 해낸다고 해도 지능을 가졌다고 보기는 어렵다는 것이 존 설의 주장이야.
존 설의 이론이 완전히 옳다고 보기도 어렵고 완전히 틀렸다고 보기도 어려워. 학자마다 생각하는 바가 조금씩 다르니까.
이 문제를 파고들면 과연 사람의 지능이라는 것이 무엇인가 하는 어려운 질문을 마주하게 돼. 이렇듯 존 설 덕분에 인공지능을 연구하는 사람들이 지능에 대해 여러 관점에서 고민하고 성찰하게 되었어. 존 설은 튜링 테스트를 비판함으로써 인공지능 연구에 긍정적인 영향을 준 셈이지.

지우는 새삼 놀라웠어요. 과학자나 공학자가 아닌, 심리철학자가 인공지능의 발전에 크게 기여했다는 사실이 무척 흥미로웠거든요.
"로로, 인공지능을 발전시킨 사람들은 또 누가 있어?"
"인공지능 이야기를 하면서 마빈 민스키를 빼놓을 수 없지."
로로의 말에 지우는 고개를 갸우뚱했어요.
"민스키? 어디서 들어 본 것 같은데?"
"그 어디서가 여기서겠지. 아까 내가 말했잖아. 다트머스 회의에 모였던 학자 중 한 사람이야."
로로가 설명을 시작했어요.

〰️ 마빈 민스키는 평생을 인공지능 연구에 몰두해 수많은 업적을 남긴, 인공지능의 아버지라고 불리는 과학자야. 최근 들어 유행하고 있는 머리에 쓰는 가상 현실(VR) 기기도 마빈 민스키가 1960년대에 처음으로 발명했지. 지금 모습과는 같지 않지만, 가상 현실 기기의 원형이 60년 전에 만들어진 셈이니 참 놀랍지 않니? 민스키는 다트머스대학교의 교수였던 존 매카시와 함께 다트머스 회의를 만들어 당시에는 생소했던 인공지능이라는 연구 분야를 개척했어. "인간은 생각하는 기계다."라는 유명한 말을 남기기도 했지. 이 말은 프로그램을 잘 만들기만 하면 인간과 같은 지능을 가진 기계를 충분히 만들 수 있다는 뜻이야. 매사추세츠공과대학교 교수이기도 했던 민스키는 평생에 걸쳐 인간이 가진 지능의 본질을 깊이 이해하려 노력했고 어떻게 하면 기계에 적용할 수 있을지 연구했어. 이런 공로를 일찍이 인정받아 민스키는 1969년에 컴퓨터 과학 분야의 노벨상이라 불리는 '튜링상'을 받기도 했어. 눈치챘겠지만, 튜링상은 앨런 튜링의 이름을 따서 만든 거야.

로로의 설명을 다 들은 지우는 자기도 모르게 가슴이 벅차올랐어요.
"우아! 정말 멋지다! 갑자기 나도 그런 과학자가 되고 싶어졌어. 사람들을 설레게 하는 새로운 기술을 만들어서 세상에 선보이고 싶어!"

지우의 말에 로로가 고개를 푹 숙였어요.

"로로, 갑자기 왜 그래?"

"인공지능을 연구했던 사람 중에 살아 있었다면 큰 업적을 남겼을 학자가 떠올랐거든. 천재적인 사람이었는데 젊은 나이에 세상을 떠났지."

로로가 말했어요. 지우는 조심스럽게 그게 누구냐고 물었어요.

"심리학자 겸 인공지능 연구자인 프랭크 로젠블랫이야. 마빈 민스키의 고등학교 친구이기도 해."

지우는 눈이 동그랗게 커져서 로로에게 빨리 이야기해 달라고 졸랐어요.

6
인공신경망과 딥러닝

지우가 조르자 로로가 말했어요.
"민스키와 로젠블랫은 뉴욕의 같은 과학 고등학교에 다닌 동문이란다. 대학에 간 두 사람은 다른 길을 걷기 시작했어. 민스키는 수학을, 로젠블랫은 심리학을 공부했지."
로로의 말을 들은 지우는 이렇게 되물었어요.
"그런데 도대체 무슨 일이 있었던 거야?"
로로가 설명을 시작했어요.

 마빈 민스키와 프랭크 로젠블랫, 두 사람 모두 인공지능이라는 같은 주제를 연구했지만, 접근 방식이 달랐어. 민스키는 사람이 가진 지식을 하나하나 기호로 만들어 기계에 입력하면 기계도 사람과 같은 지능을 얻을 수 있다고 생각했어.

이렇게 기호를 중심으로 인공지능을 연구한 것을 기호주의라고 불러. 기호주의의 기본 개념을 바탕으로 탄생한 대표적인 인공지능이 바로 전문가 시스템이지.

한편 로젠블랫은 인공지능을 다른 방식으로 접근했어. 인간의 뇌 안에서 정보를 전달하는 신경 세포인 '뉴런'이 작동하는 방식대로 인공지능을 개발해야 한다고 주장했지. 뉴런은 전기 신호로 정보를 주고받는 세포인데, 한 사람의 뇌에는 서로 연결된 뉴런이 100억 개 넘게 들어 있어. 그래서 로젠블랫과 같은 주장을 '연결주의'라고 부른단다.

로젠블랫은 이 이론을 바탕으로 사람의 신경망을 본 따 '퍼셉트론'이라는 인공신경망을 만들었어. 퍼셉트론이 적용된 인공지능은 종이에 쓴 알파벳을 읽을 수 있었어. 심지어 글자에 약간 얼룩이 묻어 있거나 훼손되어 있어도 정확하게 글자를 인식할 수 있었지. 퍼셉트론의 놀라운 기능 덕분에 사람들의 관심을 한 몸에 받았어. 사람들은 인공신경망을 이용하면 진짜 인간과 같은 지능을 빠른 시일 내에 만들 수 있을 거라 믿게 됐지.

십여 년 뒤, 마빈 민스키는 퍼셉트론으로는 인공지능을 발전시키는 데 한계가 있음을 수학적으로 증명하는 책을 발표했어. 인공지능 기술 발전으로 장밋빛 미래를 꿈꿨던 많은 사람에게 큰 파장을 일으켰어.

로젠블랫에게 연구비를 투자했던 많은 사람이 등을 돌렸고 크게 실망한 로젠블랫은 43살의 젊은 나이에 스스로 목숨을 끊고 말았단다.

"로젠블랫이 주장한 단순한 구조의 퍼셉트론은 비판받을 만한 점이 있긴 했어. 그렇지만 퍼셉트론은 인공신경망을 응용한 하나의 이론일 뿐 연결주의 전체가 틀린 건 아니었지."
로로가 말했어요. 지우는 그 뒤로 어떻게 됐는지 궁금했어요.
"민스키의 책 때문에 사람들은 인공신경망 자체가 연구할 가치가 없다고 생각하게 됐어. 그로부터 한동안 인공신경망은 인공지능 연구 분야에서 관심 밖으로 밀려났단다."
로로의 말에 지우가 고개를 끄덕였어요. 당시 사람들이 그런 반응을 보인 건 충분히 이해됐어요. 퍼셉트론과 인공신경망은 누군가 쉽게 설명해 주지 않으면 잘 알 수 없는 내용이니까요.
"그 뒤로 어떻게 됐어? 인공신경망은 사라졌어?"
지우가 묻자 로로의 표정이 밝아졌어요.
"인공신경망이 사라졌다면 알파고도 탄생하지 못했을걸?"
"우아! 알파고가 인공신경망 기술로 만들어진 거야?"
지우의 물음에 로로가 다시 설명을 시작했어요.

━⋀━ 모두가 인공신경망에 등을 돌렸을 때 몇몇 학자들은 연구를 계속했단다. 그중 제프리 힌턴이라는 뛰어난 컴퓨터 과학자는 인공신경망 이론을 연구하여 '딥러닝'이라는 이름의 기술로 재탄생시켰단다. 로젠블랫의 가설이 옳았다는 것을 50년 만에 증명해 낸 거야.

딥러닝은 기계에 아무런 규칙을 알려 주지 않은 채 엄청나게 많은 양의 데이터만 주면 스스로 학습해서 지능을 갖추게 하는 기술을 말해. 예를 들어 사람은 세상 모든 종류의 고양이를 다 보지 않았지만, 개와 고양이를 정확히 구분할 수 있어. 그런데 컴퓨터에 개와 고양이를 구분하도록 하려면 어떻게 해야 할까? 개와 고양이의 비슷하면서도 다른 점을 하나하나 설명하기가 쉽지 않겠지? 시간도 오래 걸리고 틀릴 가능성도 높아.

딥러닝 기술을 이용하면 이 문제가 쉽게 해결돼. 컴퓨터에 수천수만 장의 고양이 사진을 보여 주면서 이것이 고양이라고 말하면, 컴퓨터가 알아서 특징을 파악하거든. 이렇게 제프리 힌튼 교수가 딥러닝 기술을 이용해 만든 인공지능 '알렉스넷'은 2012년 국제 이미지 인식 기술 대회에 출전해 놀라운 능력을 보여 주며 우승했단다. 알렉스넷은 1,000개의 사진 중 85%의 사진을 정확하게 분류했다고 해. 바둑 규칙을 전혀 몰랐던 알파고가 엄청나게 많은 양의 경기를 관찰하면서 스스로 바둑 게임을 배운 것도 딥러닝 기술을 적용한 대표적인 사례라고 할 수 있지.

이렇게 딥러닝 기술이 발전할 수 있었던 이유는 인터넷과 빅데이터의 발전과도 밀접한 연관이 있어. 예전에는 기계에 강아지가 무엇인지 학습을 시키기 위해 수천수만 장의 강아지 사진을 구하기가 어려웠어. 하지만 이제 구글, 유튜브, 각종 SNS 등에 세계인들이 실시간으로 엄청나게 많은 데이터를 올리고 있지. 인공지능에 필요한 학습 자료가 넘쳐나는 시대가 된 거야.

"아, 그러고 보니 엄마가 구글 검색으로 비슷한 이미지를 찾은 적이 있어."
지우가 말했어요. 지우가 예전에 좋아했던 만화 제목이 무엇인지 기억이 안 나 괴로웠던 적이 있었어요. 다행히 지우 컴퓨터에 그 만화 주인공 사진 파일이 있었죠. 엄마는 그 사진을 구글 검색창에 올려 만화 주인공 이름과 만화책 제목을 알아냈어요.
지우가 로로에게 이 이야기를 들려주자 로로가 고개를 끄덕였어요.
"맞아, 구글 이미지 검색도 일종의 인공지능이라고 볼 수 있어. 끊임없는 발전으로 정확도가 점점 높아지고 있지."
로로가 말했어요. 지우는 블로그에 지금까지 로로에게 들은 이야기들을 정리하기 시작했어요.

딥러닝은 기계에 아무런 규칙을
알려 주지 않은 채 엄청나게 많은 양의
데이터만 주면 스스로 학습해서
지능을 갖추게 하는 기술이야.

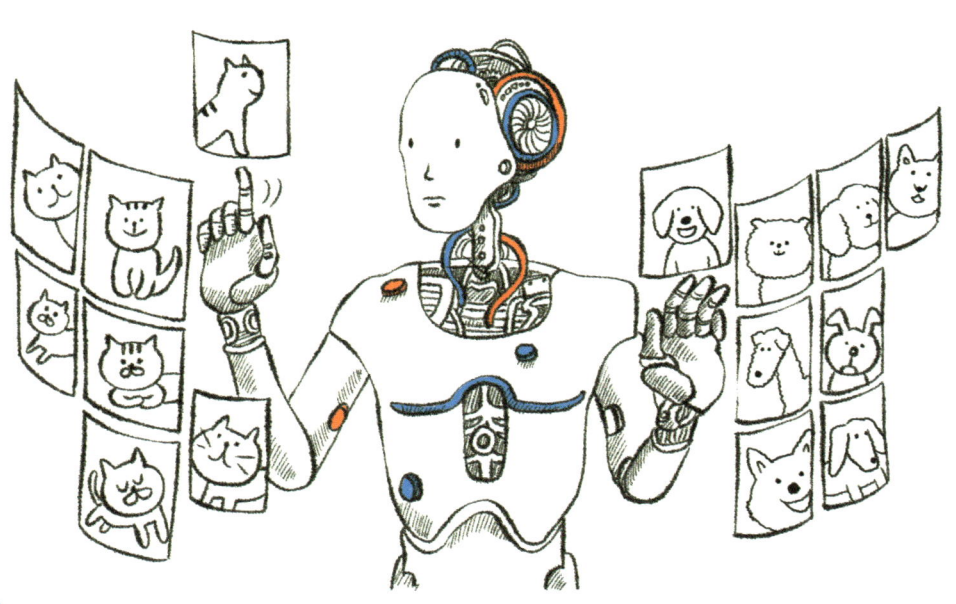

지우의 블로그 #6

튜링 테스트, 퍼셉트론, 딥러닝?
인공지능을 발전시킨
인물들과 함께 알아보자!

앨런 튜링은 인공지능에서 빼놓을 수 없는 사람이다. 인공지능의 개념을 처음으로 생각했고 튜링 머신과 튜링 테스트를 만들었다.

1. 튜링 머신이라는 것은 복잡한 일을 잘게 쪼개어서 수행하는 가상의 기계이다. 튜링은 이 논리대로라면 기계가 지능을 가질 수 있다고 생각했다.
2. 튜링 테스트는 기계에 지능이 있는지 없는지 판단하는 테스트이다. 2014년 영국에서 만든 유진이라는 인공지능이 최초로 이 테스트를 통과했다.

심리학자 **존 설**은 튜링 테스트에 허점이 있다면서 비판했다. '중국어 방 실험'이라는 가상의 실험을 근거로 들어 이야기했다. 존 설의 비판 덕분에 인공지능에 대한 논의가 풍부해졌다.

튜링 테스트

마빈 민스키는 다트머스 회의를 열고 '인공지능'이라는 말을 처음 만들어 낸 과학자이다. 가상 현실 기기를 처음으로 발명했다. '인간은 생각하는 기계다'라는 말을 남겼다.

프랭크 로젠블랫은 사람의 몸속에 들어 있는 신경망이 전기 신호를 주고받는 방식으로 인공지능을 만들어야 한다고 생각했다. 자기 생각들을 정리하여 '퍼셉트론'이라는 이름의 인공신경망 이론을 발표했다. 하지만 마빈 민스키가 퍼셉트론의 한계를 지적하여 연구가 중단됐다.

제프리 힌턴은 독자적으로 인공신경망 연구를 계속해 나갔다. 로젠블랫의 이론을 발전시켜 '딥러닝'이라는 인공지능 기술을 발표했고, 이제 딥러닝은 인공지능 기술의 핵심이 됐다.
딥러닝은 사람이 기계를 가르치는 것이 아니라, 기계가 많은 양의 자료를 보며 스스로 공부하는 방식을 말한다.

7
4차 산업혁명

지우가 블로그에 글을 쓰는 동안 로로는 벽에 붙어 있는 사진들을 보았어요.
"지우 너, 몇 년 사이에 키가 많이 컸구나."
"응! 매년 쑥쑥 크고 있지. 옷을 1년도 못 입는다고."
지우가 대답하자 로로가 다가와 빙그레 웃었어요.
"무어의 법칙 그래프처럼 키가 크는 것 같네."
"어려운 얘기를 그렇게 갑자기 던지는 게 어디 있어?"
로로는 설명을 덧붙였어요.
"그렇게 어려운 얘기는 아냐. 세계적으로 유명한 반도체 회사 인텔의 창업자인 고든 무어가 1965년에 주장한 이론이야. 컴퓨터의 성능이 2년마다 두 배로 좋아지고 컴퓨터 부품 가격도 2년마다 반값으로 떨어진다는 가설이야. 그의 이름을 따서 '무어의 법칙'이라고 불리게 됐지."
"내 키가 2년에 두 배씩 자란다면……. 우아! 엄청난데?"
"그럴 리가 없잖아!"
로로의 말에 지우가 농담이라며 웃었어요.
"무어의 법칙이 만들어진 지도 꽤 시간이 흘러서 이제 정확하게 딱 맞는 건 아니야. 4차 산업혁명의 뿌리라고 할 수 있는 컴퓨터 기술의 발전을 아주 잘 나타내는 이론이란다."
"4차 산업혁명은 또 뭐야? 1, 2, 3차는 언제 했는데? 뉴스에 나왔었어?"
지우가 연달아 질문을 던지자 로로가 끙 한숨을 쉬었어요.

─⋀─ 인간의 문명은 지금까지 세 번의 혁명적인 변화를 통해 발전했단다.

1차 산업혁명은 18세기에 영국에서 증기기관이 발명되면서 일어난 변화를 말해. 18세기 전까지 어떤 물건을 만들려면 처음부터 끝까지 사람의 손을 거쳐야 했지. 1차 산업혁명과 함께 사람들은 증기 기관과 같은 기계를 이용해서 각종 물건을 대량 생산할 수 있게 되었어. 사람이 하던 일을 기계가 하게 됐으니 일자리도 많이 줄어들었지. 당시 영국 사람들은 이런 현상에 반대해서 산업 현장에서 기계를 몰아내자고 주장하는 운동을 펼치기도 했어.

2차 산업혁명은 20세기 초 전후로 전기 에너지의 발명과 함께 이루어졌어. 전력이 보급되고, 같은 시간에 훨씬 많은 물건을 만들 수 있는 컨베이어 벨트 생산 라인이 공장에 들어섰어. 한 가지 물건을 만들기 위해 한 사람이 처음부터 끝까지 매달릴 필요가 없게 되었지. 공정을 여러 단계로 나누어 사람들이 각자 맡은 일만 하면 되도록 만드는 분업 시스템이 도입되었거든. 덕분에 생산 속도가 엄청나게 빨라졌지.

로로의 설명을 가만히 듣고 있던 지우가 갑자기 이렇게 말했어요.
"1차는 증기, 2차는 전기. 그러면 3차 산업혁명 때도 뭔가 새로운 게 있겠네?"
지우의 물음에 로로가 고개를 끄덕였어요.
"맞아. 그게 뭘까? 힌트를 주자면⋯⋯ 인류의 가장 중요한 발명품이라고나 할까?"
"인공지능 로봇이지? 어휴, 너도 참 잘난 체하기는."
지우가 말했어요. 로로가 고개를 절레절레 흔들었어요.

3차 산업혁명은 20세기 후반에 컴퓨터와 인터넷이 등장하면서 산업이 급속하게 변화하고 발전하는 모습으로 이루어졌단다. 컴퓨터를 이용해 갖가지 지식과 정보를 효율적으로 다룰 수 있게 되면서 이전까지는 상상하지도 못했던 변화가 펼쳐졌지. 거의 모든 산업 분야에 컴퓨터 기술이 적용되면서 1차 산업혁명과 2차 산업혁명과는 비교도 할 수 없을 정도로 생산 능력이 높아졌어. 사람이 해야 했던 일 중 많은 부분이 컴퓨터와 기계로 대체되었지. 인터넷을 기반으로 한 통신 기술이 빠르게 발전해서 시간과 공간의 제약으로부터 자유로워졌어.

4차 산업혁명은 '세계경제포럼'이라는 국제 모임에서 처음으로 발표한 용어야. 세계경제포럼은 독일의 경제학자 클라우스 슈바프가 만든 민간단체야. 학자, 연구자, 기자, 정치인, 기업인 등 2,000여 명의 유명한 사람들이 1년에 한 번씩 모여 세계 경제에 대해 토론을 한단다. 스위스의 도시 다보스에서 열리기 때문에 '다보스 포럼'이라고 불리기도 해. 2016년 모임에서 '4차 산업혁명'이라는 용어를 처음 발표했는데, 앞으로 여러 가지 새로운 기술과 함께 우리 생활 곳곳에 혁명의 물결이 밀려들어 앞으로 수십 년 내에 사람들의 삶이 크게 변화될 거라 예측하고 있어.
로봇, 빅데이터, 3D 프린팅, 사물 인터넷, 드론, 자율 주행차 등 여러 기술이 거론되고 있는데 그중 4차 산업혁명 시대를 앞두고 가장 주목받는 기술이 바로 인공지능이야. 사람과 사물이 공간의 제약을 뛰어넘어 연결되고 높은 지능을 갖춘 기계들이 탄생하면서 현실 세계와 인터넷 세계가 크게 구분되지 않은 시대를 살게 될 거란다.

"우아! 멋지다! 로로 너는 앞으로 어떤 미래가 펼쳐질지 다 알고 있지? 얼른 말해 줘!"
지우가 깡충깡충 뛰면서 말했어요. 하지만 로로는 고개를 저었어요.
"안 돼. 그건 로봇 제4원칙에 어긋나."
"뭐? 4원칙이라는 것도 있었어?"
"방금 내가 만든 거야. 아무리 내가 미래에서 왔다지만, 앞날을 함부로 얘기할 순 없어."
로로가 말했어요.
"에이, 시시해. 하늘을 나는 자동차가 나오길 바랐는데……."
"대신, 현재를 기준으로 곧 나올 기술들에 대해서는 조금 말해 줄 수 있어."

8
인공지능이
만들어 갈 미래

"로로, 잠깐만. 내가 그린
상상화부터 볼래?"

지우는 서랍에서 스케치북을 꺼냈어요. 미술 시간에 그린 미래 시대 상상화였어요.

"내가 어른이 될 때쯤이면 로봇이 일을 다 해 주기 때문에 회사에 다닐 필요도 없을걸. 그러니까 지금부터 어떻게 하면 잘 놀고먹을 수 있을지 연구하자는 내용의 그림이야. 어때, 멋지지? 이 그림으로 상도 받았어. 물론 선생님들은 내용까지는 모르시지만."

지우의 말에 로로는 한숨을 쉬었어요.

"그런 일은…… 없을 거야, 작은 인간."

로로가 빔을 쏘더니 영상을 만들었어요.

―ᴧᴧ― 인공지능 로봇 기술이 발전하면서 여러 기술이 일상을 바꿔 놓을 거야. 인공지능 스피커나 스마트폰 음성 비서가 대표적인 예라고 볼 수 있지. 지금은 스피커나 스마트폰이 사람의 명령을 알아듣고 그에 맞는 간단한 일을 해 주는 정도이지만 앞으로 이 기술은 무궁무진하게 발전되어 여러 분야에 사용될 거야. 사물 인터넷 기술도 빠르게 발전하는 기술 중 하나야. 지금까지는 인터넷 기술이 컴퓨터와 스마트폰 정도에만 적용되어 있었어.

사물 인터넷 기술은 집, 자동차, 가전제품 등 모든 사물에 인터넷이 연결되도록 하는 기술이야. 집에 들어선 순간, 저절로 텔레비전과 에어컨이 켜진다든지, 스마트워치 같은 제품을 통해 건강 정보가 의료 기관에 실시간으로 전달되는 등 영화에서만 보던 일이 현실로 다가올 날이 얼마 남지 않았어.

증강 현실과 가상 현실 기술도 기대되는 기술들이야. 증강 현실이란 현실 세계에 가상의 물체를 더하는 기술을 말해. 일본에서 만든 게임 '포켓몬GO'가 대표적인 증강 현실 게임이야. 지금은 이렇게 게임에 적용되는 정도이지만 발전을 거듭해서 사람이 느끼기에 현실과 구분할 수 없을 만큼 정교해질 것으로 기대되고 있어. 가상 현실은 앞에서도 말했듯 처음 개발된 지 무척 오래되었어. 머리에 특수한 장비를 쓰면 가상 공간에 실제로 가지 않고도 진짜인 것처럼 체험할 수 있게 해 주는 기술이지. 이 기술을 통해 사람이 경험할 수 있는 영역이 크게 확장될 거라 보고 있어. 물론 **가상 현실과 증강 현실의 밑바탕에는 인공지능 기술이 있단다.**

자율 주행차 기술은 사람 대신 자동차가 스스로 운전하는 기술을 말해. 자동차에 적용된 인공지능이 실시간으로 도로 상황과 신호 체계, 차량 상태 등을 파악하는 것이지. 실제로 자율 주행차 기술은 거의 다 완성되었다고 해. 사람이 타는 자동차는 아니지만, 자율 주행 기술이 드론에 적용되어 택배 운송에 사용되고 있기도 해. 하지만 몇 가지 해결해야 할 문제들이 있어. 특히 인공지능으로 운전하는 차가 교통사고를 냈을 경우 누가 책임을 져야 하는가 등 법적인 문제는 쉽게 결론짓기 어려운 문제야. 차를 만든 회사가 책임을 져야 한다는 주장과 차 주인이 책임을 져야 한다는 주장이 맞서고 있지. 자율 주행차가 안전하게 도로 위를 다니려면 교통

시스템 자체가 인공지능으로 바뀌어야 해.

이제는 여러 연구자가 스마트 시티를 만드는 것에 대해 논의하고 있어. **스마트 시티는 도시 전체를 인공지능화하는 거야. 도시 곳곳에 설치된 센서를 이용해 수많은 정보를 수집해서 도시를 가장 안전하고 효율적으로 관리하는 시스템을 말해.** 교통체증이 심한 곳은 신호 체계를 잠시 바꿔 주고, 가로등을 켤 필요 없는 곳을 확인하여 전력을 아끼는 등 지능형 도시가 되는 셈이야.

로로의 이야기를 듣는 지우의 머릿속에 저절로 상상의 나래가 펼쳐졌어요.
"스마트 시티라니……. 정말 내 꿈대로 되는 거 아냐?"
"네 꿈이라니? 놀고먹는 거?"
"응. 도시가 알아서 모든 일을 해 줄 거 아냐."
"그렇다고 사람이 놀고먹기만 할 수는 없잖아!"
로로가 말했어요. 지우는 킥킥 웃으며 농담이라고 말했어요.
"그런데 난 앞으로 무슨 일을 해야 할까? 인공지능 로봇이 너무 똑똑해져서 사람이 할 수 있는 일이 없는 거 아냐?"
지우가 물었어요.

많은 학자와 연구자들은 인공지능의 발전으로 사람의 직업에 많은 변화가 있을 거라고 해. 그렇지만 직업 자체가 아예 사라질 거라고 보지는 않아. 다만 사람보다 인공지능이 훨씬 잘 해낼 수 있는 일들은 인공지능이 대체하게 될 거라 보고 있어.
예를 들면 어떤 정보를 정확하게 저장하고 기억하는 일, 단순한 업무를 반복하는 일 같은 것 말이야. 대신 사람은 인공지능이 할 수 없는 일에 더욱더 많은 시간을 들일 수 있겠지. 가까운 시일 내에 인공지능과 함께 일하고 생활하는 삶이 펼쳐질 거야.

미국의 신문사 워싱턴포스트는 2016년부터 인공지능 로봇 신문 기자 헬리오그래프에 기사를 작성하게 했어. 헬리오그래프는 스포츠 뉴스부터 선거 관련 뉴스까지 다양한 기사를 작성했지. 헬리오그래프가 쓴 기사는 주로 단순한 정보 전달 기사였어. 이런 기사를 인공지능 로봇 기자가 대신 써 주는 대신 다른 기자들은 좀 더 깊이 파고들어야 할 기사에 집중할 수 있게 됐지.
이렇듯 변호사, 회계사, 공무원, 교사, 회사원 등 여러 직업 분야에 인공지능이 도입될 거야. 사람들은 직업을 잃는 게 아니라 인공지능 덕분에 자기 직업에 더욱 집중할 수 있게 될 테고.

이제 예술 창작 분야에도 인공지능의 물결이 몰려들고 있어. 소설을 쓰고 그림을 그리고 멋진 영화와 음악을 만드는 등의 일은 절대로 인공지능이 대체할 수 없는 일일 거라 믿었지. 하지만 딥러닝 기술을 바탕으로 인공지능이 빠르게 발전하면서 소설을 쓰거나 음악을 만드는 인공지능도 속속 탄생하고 있어. 2016년에는 일본의 '호시 신이치상'이라는 문학상에 인공지능이 쓴 단편 소설이 1차 심사를 통과했어. 소설 제목은 '컴퓨터가 소설을 쓴 날'이라고 하니 참 재미있지?

예술 창작 분야에도 인공지능의 물결이 몰려들고 있어

인공지능 시나리오 작가 벤저민은 유명 인사야. 영국의 영화감독과 인공지능 연구자가 만든 벤저민은 SF영화 시나리오 수십 편을 분석한 뒤 9분짜리 단편 영화 〈태양샘(Sunspring)〉을 완성했어. 이 시나리오로 사람들이 실제로 영화를 제작하기도 했지. 또 IBM의 인공지능 왓슨은 영화 보고 나서 영화 예고편을 만들어 낼 수 있다고 해. 사람이 3~4일에 걸쳐서 해야 할 일을 왓슨이 단 몇 시간 만에 해낼 수 있단다.

음악 분야에도 인공지능 기술이 활발하게 적용되고 있어. 예일대학교 교수 도냐 퀵이 만든 '쿨리타'라는 인공지능에 여러 음악을 들려주면 조합하고 변형해서 새로운 음악을 만들어 낼 수 있단다. 또 일본 기업 소니가 만든 플로우 머신이라는 인공지능은 1만 3,000여 곡을 들으면서 스스로 학습한 뒤 자작곡을 발표하기도 했어. 미국의 대학 연구팀에서 만든 인공지능 로봇 시몬은 음악을 들으면서 마림바라는 악기를 연주할 수 있지.

예술 분야도 다른 직업 분야와 마찬가지로 인공지능을 통해 더욱 발전할 수 있을 거야. 지금 할 일은 인공지능 시대에 사라지지 않을 직업을 찾는 게 아니야. 내가 좋아하는 일이 무엇인지 찾는 게 먼저이고, 인공지능 기술과 함께 어떻게 변화할지 예측하고 공부하는 게 두 번째 일이지. 어떤 직업이 사라지고 어떤 직업이 인기를 얻을 것인지가 중요한 게 아니란다.

"내가 좋아하는 일을 찾는 게 먼저다. 로로, 방금 그 말 블로그에 그대로 써도 되지?"

지우가 묻자 로로는 고개를 끄덕였어요.

"그나저나 인공지능 로봇이랑 사람이 같이 공연을 하면 진짜 멋있겠다."

지우가 말했어요. 그러자 로로가 갑자기 춤을 추기 시작했어요.

"지금 같이해 볼까?"

지우는 로로의 우스꽝스러운 모습에 웃음을 터뜨렸어요.

지우의 블로그 #7

이제는 4차 산업혁명 시대, 미래는 어떻게 변할까?

인류 역사상 지금까지 총 세 번의 산업혁명이 있었다.

- **1차 산업혁명(18세기):** 증기기관을 활용한 대량 생산 혁명
- **2차 산업혁명(19세기 말~20세기 초반):** 전기 에너지를 활용한 대량 생산 혁명
- **3차 산업혁명(20세기 후반):** 컴퓨터와 인터넷을 활용한 대량 생산 및 정보화 혁명

그리고 곧 4차 산업혁명 시대가 올 거라고 한다.

4차 산업혁명이라는 말은 세계경제포럼에서 2016년에 처음 쓴 용어이다. 인공지능을 비롯한 수많은 기술이 등장하여 사람들의 삶이 상상도 못 할 정도로 크게 바뀔 것이라고 한다.

사물 인터넷: 모든 사물에 인터넷이 연결되는 기술
증강 현실: 현실 세계에 가상 현실이 더해지는 기술
가상 현실: 가상 공간을 실제처럼 체험해 볼 수 있는 기술
자율 주행차: 자동차가 스스로 운전하는 인공지능 기술
스마트 시티: 도시 전체가 인공지능을 갖게 된 것

인공지능이 나타난다고 해서 직업이 갑자기 사라지지는 않을 것이다.

인공지능 덕분에 사람들이 각자의 직업에서 많은 도움을 받게 될 것이다. 자기가 좋아하는 것이 무엇인지 먼저 찾고, 4차 산업혁명 시대를 맞아 어떤 방향으로 변화할지 관심을 갖고 공부하는 것이 좋다.

에필로그

지우는 블로그에 마지막 글을 올리고 깜빡 잠이 들었어요.
꿈속에서 지우는 로로와 함께 우주여행을 떠났어요.
신기한 행성에 도착한 지우와 로로는 멋진 무대에 올랐어요.
로로는 춤도 추고 악기도 연주했죠. 지우도 로로 옆에서
신나게 노래하고 춤을 췄어요.
관람석의 외계인들이 지우와 로로를 향해 환호하고 박수를
쳐 주었어요.
그때 누가 뒤에서 지우 어깨를 툭툭 쳤어요.
"하지 마……."
지우는 손을 뿌리치고 계속해서 춤을 췄어요.
몸이 새처럼 가벼웠어요. 그런데 누가 또 지우 어깨를 툭툭
치는 거예요.

"아이참, 건드리지 말라니까……."
"애가 참! 누워서 안 자고 책상에서 뭐 하는 거야?"

엄마 목소리에 지우는 눈을 번쩍 떴어요.
"로로!"
지우는 벌떡 일어나 방 안을 둘러보았어요. 잡동사니들은 하나도 없었고 깨끗했어요.
꿈이라고 하기에는 너무 생생했어요. 지우는 마우스를 흔들어 컴퓨터를 켜고, 블로그에 들어가 봤어요.
"으아아아! 방학 숙제!"
블로그에는 아무것도 쓰여 있지 않았어요.
"그러니까 엄마가 틈틈이 숙제하라고 했잖아."
엄마가 핀잔을 줬어요. 하지만 지우는 빙그레 웃었어요. 꿈이 정말 생생해서 로봇과 인공지능에 대해 금방이라도 글을 쓸 수 있을 것 같았거든요.
"애가 자다 깨서 뭐라는 거야……."
엄마가 방문을 닫고 나갔어요. 지우는 블로그에 글을 쓰기 시작했어요.

"고마워, 로로!"